新　潮　文　庫

ローマ亡き後の地中海世界

海賊、そして海軍

3

塩　野　七　生　著

ローマ亡き後の地中海世界　海賊、そして海軍3＊目次

ローマ亡き後の地中海世界　海賊、そして海軍　3

第四章　並び立つ大国の時代

コンスタンティノープルの陥落

歴史の上でも激震は起る。大量の破壊と殺戮《さつりく》を伴うがゆえに人間社会にとっては大変な惨事であるのは言うまでもないが、ある一点においてならばプラスに働く。それは、精神の怠慢なり無知なりにせよ、時代の変化を直視することを拒絶しつづけてきた人々に、痛打を浴びせることで無理やりに眼を開かせるという効用だ。中世のヨーロッパ人にとっての激震は、西暦一四五三年に起ったコンスタンティノープルの陥落であった。

しかし、次のように反論する人は多いかもしれない。首都コンスタンティノープルの陥落によって決したビザンチン帝国の滅亡は、言ってみれば国際政治であり、一般庶民は国際政治とは別のところで生きている、ビザンチン帝国の滅亡は歴史上の大事件であることには異議はないが、それと、北アフリカからの海賊に苦しんできた地中海沿岸に住む庶民とは何の関係があるのか、と。

ところが、離れ離れのように思えるこの両者とて、実は深い関係で結ばれているのである。しかもこの種の関係は、過去の歴史にのみ見られる現象ではない。二十一世紀の現代でもなお、たちどころにいくつかの例をあげることができるくらいだ。人類の歴史もこの切り口で切っていけば、興味深い作品が書けるのに、とさえ思う。

そして、過去に遡《さかのぼ》って予兆を集めていく地震学者のまねをすれば、コンスタンティノープルの陥落で決まったビザンチン帝国の運命も、その二百年も昔にすでに予兆が見られたのである。

中世における地震の起し手としてのモンゴル人をここでも認めるしかないが、急速な拡大とそれにつづく繁栄を謳歌《おうか》していたイスラム世界に激震をもたらしたのも、東方から襲ってきたモンゴルである。西暦一二五八年、モンゴル軍の猛攻の前にバグダッドは陥落した。

バグダッドとはペルシア語で、「神の与えられし都」の意味であるらしい。ティグリスとユーフラテスの大河二本が流れる豊かなメソポタミア地方に進出したイスラム勢力が、それまでのこの地方の支配者にとっては首都を置くのが当然と思われてきたクテシフォンは排除し、少しにしろ離れた地に純粋なイスラムの都として、新たに建設したのがバグダッドであった。神の与えられし都の「神」は、他のどの神でもなくアラーなのである。

西暦七六二年の建都以来、メソポタミア地方に多いギリシア人やペルシア人の建てた都市とちがって、このバグダッドがイスラム教徒にとって、特別な都《みやこ》であったことは想像にかたくない。イスラム世界の中心は、アラブ人の宗教とペルシア人の文明の幸福な結婚の成果を示す都市、このバグダッドにあったのだった。

それが、五百年の後《のち》に、モンゴルの前に屈したのである。すべてのイスラム教徒にとって、モンゴルが、疫病神《やくびょうがみ》に見えたとしても無理はなかった。一二五八年のバグダッドの陥落以降、イスラム世界の中心地は、モンゴルのいる東方ではなく、西へ西へと移る一方になる。

セルジューク・トルコが首都を置いたのは小アジア中央のコニアだが、それに代わってイスラム世界の盟主の座に就いたオスマン・トルコになると、首都はブルサに移している。ブルサは小アジアの北西に位置するが、すぐ近くまで迫っているマルマラ海に出さえすれば、コンスタンティノープルまでは一歩、と言ってもよい距離にある。

マルマラ海を境に東はアジア、西はヨーロッパと分かれるので、アラビア半島で生れメソポタミア地方で花開いたイスラム世界は、その中心をますますヨーロッパに近づけてきた、と言ってよかった。

それどころか、十四世紀の後半になるとオスマン・トルコは、いかに端であったとはいえアジア側に位置していたブルサまでも捨てる。ヨーロッパ側に侵攻したトルコ軍がトラキアを征服しマケドニアやブルガリアまでも覇権下に収めたからで、この時期には首都もトラキア地方の都市エディルネに移したからだった。

ちなみに、日本ではより普及しているという理由で英語読みの「コンスタンティノープル」で通してきたが、この首都の正しい呼び方はギリシア語の「コンスタンティノポリス」である。その意味するところは「コンスタンティヌス大帝の都《みやこ》」。大帝の尊称つきで呼ばれることの多いローマ帝国後期の皇帝コンスタンティヌスが、建設した都市ゆえの名であった。

また、ここではトルコ式の発音の「エディルネ」で記すことになる都市も、原名のギリシア語ならば「ハドリアノポリス」である。ローマ帝国の最盛期の皇帝であった、ハドリアヌス帝が建設した街であるからだ。

しかし、古代にはこの原名で呼ばれていた二都市も、中世に入ると呼び名が変わってくる。中世・ルネサンスを通して最も多く残っている史料はイタリア人の書いたものので、それは、この時代のすべてを通じて地中海世界の東半分と深く持続した関係にあったのは、ヴェネツィアやジェノヴァを始めとするイタリアの通商国家であったからだった。また、宗教的にもイスラム世界を意識せざるをえなかったキリスト教の中核を成していた法王庁も、イタリアのローマにある。これら諸々《もろもろ》の事情によって、中世・ルネサンス時代を通じてヨーロッパ人の間で最も普及していた呼び名は、ギリシア名をイタリア式に発音した「コンスタンティノーポリ」であり、「アドリアーノポリ」であったのだ。

だが、この地方もトルコの支配下に入って以後は呼び名も変わる。ただし変わったと言ってもそれまでの呼び名をトルコ式に発音するようになっただけなのだが、古代ローマに起源をもつこの二都市も、「イスタンブール」「エディルネ」となって現在に至っている。現代までこの名でつづいているのは、五百年後の今なおこの二都市は、トルコ国家に属す都市であるからだ。

古代（ギリシア語）　Constantinopolis　Hadrianopolis

中世〜近世（イタリア語）　Costantinopoli　Adrianopoli
近世〜現代（トルコ語）　Istanbul　Edirne

都市の名称の変遷《へんせん》は、この時代のこの地方では、単に呼び名が変わったということではすまなかった。かつては世界の覇者であったローマ帝国の皇帝たちが建てさせた都市にまで、オリエントの民であるトルコ人が侵食してきたことを示しているからである。「アドリアーノポリ」が「エディルネ」に変わったのは、西暦一三六二年。そして、これを機にトルコの首都になったこの街は、コンスタンティノープルよりは西に位置する。ビザンチン帝国の首都コンスタンティノープルは、トルコ勢に東からも西からもはさまれた形になった。

地震学者ならば、この時点ですでに、いつマグマが噴き出しても不思議ではない、と言ったろう。噴火口は、もちろんのことコンスタンティノープルだ。存亡の危機を感じたビザンチン帝国の皇帝は、わざわざヨーロッパに出向き、これまでは見下していたローマ法王や西欧の君侯たちの前で、トルコの進攻に対抗するための援軍の派遣を願ったほどである。

地中海世界の東半分の現実を知る者ならば、誰の眼にも、この時期のビザンチン帝国の運命は風前の灯に見えたろう。それほどにトルコによるコンスタンティノープル包囲網は、いかに楽観的な人の眼でもあざむけない完璧《かんぺき》さで完成していたのだから。

ところが、このときになって、トルコの前に立ちはだかる者が現われたのである。ビザンチン帝国ではなかった。ヨーロッパのキリスト教勢力でもなかった。戦いを挑んできたのは、またしてもモンゴルであったのだ。

西暦一四〇二年、小アジアの中央部にまで侵攻してきたモンゴル軍は、オリエント一帯のイスラム教徒の間では悪魔でもあるかのように怖《おそ》れられていた、勇将ティムールに率いられていた。このモンゴル人から逃げるために西へ西へと移動してきたトルコも、首都はヨーロッパ側に移したとはいえ、領国の主体はアジア側にある。その小アジアがモンゴル化しようものなら、オスマン・トルコの存続自体が危うくなるのだった。

スルタン自ら率いる十万もの大軍が、首都のエディルネを後に東に向う。トルコの大軍はコンスタンティノープルの近くを通って東へ向ったので、ビザンチン帝国の首都の住民は、目標は自分たちかと、数日の間心臓も止まる想《おも》いをしたのである。だが、十万のトルコ軍は、ティムール率いるモンゴルを迎え撃つために東へ向っていたので、コンスタンティノープルはそばを通り過ぎただけだった。

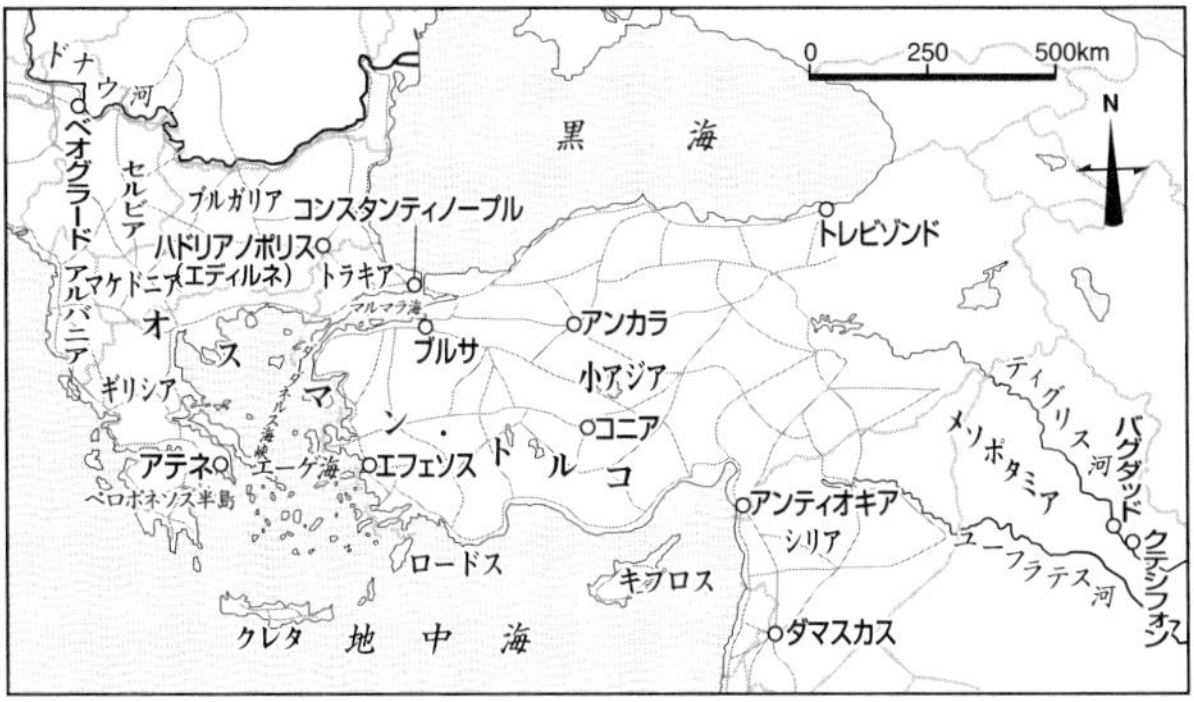

トルコ帝国とその周辺(以後の地図に描かれている線〔――〕は、ローマ時代に敷設された街道)

モンゴルとトルコの正面きっての対戦は、小アジアの中央に位置するアンカラ近くの平原で行われた。結果は、トルコ軍の完敗である。スルタンまでが捕虜にされるという惨状で、それまではイスラム教徒の中では最も戦闘的で最も強力とされていたトルコ軍も、モンゴルの敵ではないことを実証してしまった。十万もいた兵士の大半はその場で殺され、わずかに逃げのびた兵士でさえも、首都のエディルネにたどり着けた者は少なかった。トルコ兵の残虐《ざんぎゃく》さも有名だったが、モンゴル兵の残虐さとなると、それをはるかに越えていたのである。

スルタンを失い、オスマン・トルコとして結束して以来はじめて経験した壊滅的な敗北に動転したトルコの宮廷は、たちまち内紛状態に突入した。敗軍を立て直すどころではない。国自体が崩壊寸前になったのだ。これが、周辺の国々との関係に影響しないではすまなかった。

オリエントにおいての覇権とは、軍事的に強力な一国が周辺の国々に、滅亡させない代わりにカネを払い人を出せ、という感じの高額の年貢金《ねんぐきん》と覇権国が戦争をする際の兵力の提供の、二つともを強制することで成り立っている。モンゴルに喫した敗北は、トルコからこの「覇権」を奪った。これまではトルコに年貢金を払っていた国も、ティムールに完敗して以後のトルコには払わなくなる。トラキアもマケドニアもブルガリアも、年貢金には知らぬ顔をきめこむという形で、トルコから離れた。もちろん、ビザンチン帝国も例外ではない。ビザンチン帝国となるととくに、皇帝自らがヨーロッパに出向いて対トルコの援軍派遣を訴えていたくらいだから、風前の灯に見えた自国の運命も好転したと、上から下までが喜び合ったのである。それに、アンカラでの会戦のわずか三年後には、ティムールが死んだ。その死を契機にモンゴル帝国は急激に衰退していくことになるので、ビザンチン帝国にとっては、トルコに代わってモンゴルの脅威を怖れる必要もなくなったということになる。中近東は、久方ぶりの小康状態を満喫していた。

しかし、周辺諸国が安心していられたのは、二十年にすぎなかったのである。軍事力が自国の基盤であることを知っていたトルコは、少しずつ、しかし着実に、壊滅状態からの再起に着手していた。二十年は、トルコ軍の再建に要した期間であったのだ。そして、十五世紀も四分の一が過ぎた頃には、ビザンチン帝国もふくめた周辺の国々は、再びトルコに年貢金を払う立場にもどっていたのである。つまり、トルコは、一四二五年には再び、その気になりさえすればいつでもコンスタンティノープルに大軍を送り、ビザンチン帝国の一千年の歴史にとどめを刺すこともできる状態にもどっていたということだ。ところがそれが、起らなかったのだった。

スルタン・ムラードは、一四〇四年に生れている。トルコ軍がモンゴルに大敗を喫した年の、わずか二年後である。ゆえにこの人の育った歳月のすべては、敗北に打ちひしがれたトルコ軍が再起に苦労していた歳月と重なり合う。彼が成年に達した時期にはトルコ軍は完全に再建されていたが、それまでの困難を見て育ったムラードが、再び強大になったトルコ軍を使うのに、慎重になったとしても当然だった。彼も若い時期にはコンスタンティノープルの攻略を試みてはいるが、簡単にはいかないと見るや、さっさと撤退している。そしてその後の三十年間、試みることさえもしなかった。ムラードは、再建成ったトルコ軍を、大規模な侵略行動よりも、再びトルコの覇権下にもどった諸国への、支配力の定着に使うほうを選んだのである。ムラードがスルタンの座にあった三十年間、トルコ帝国はこの路線でつづく。まるで「パクス・トゥルカ」（トルコによる平和）と呼びたくなる状態だが、それによる利益をどの国よりも享受《きょうじゅ》したのが、ビザンチン帝国の首都コンスタンティノープルであった。

もしもタイム・トンネルをくぐって十五世紀半ばのコンスタンティノープルを訪れ、街路を行き交う住民のギリシア人や西欧からの商人たちにインタビューしたとすれば、その人々は一様に、次のように答えたのではないかと思う。「トルコとは当分、このままの状態でつづくでしょう」と。

実際、もはや首都とその周辺だけになっていたビザンチン帝国を、滅亡させねばならない理由は残っていなかった。この現状のままで帝国が存続していても、トルコには不都合はなかったのである。この時期のコンスタンティノープルは、どの国の商人にとっても理想的な自由港《フリー・ポート》、以外の何ものでもなかった。そしてトルコも、この繁栄による利益を充分に受けていた。トルコ民族は軍事にも行政にもなかなかの才能を

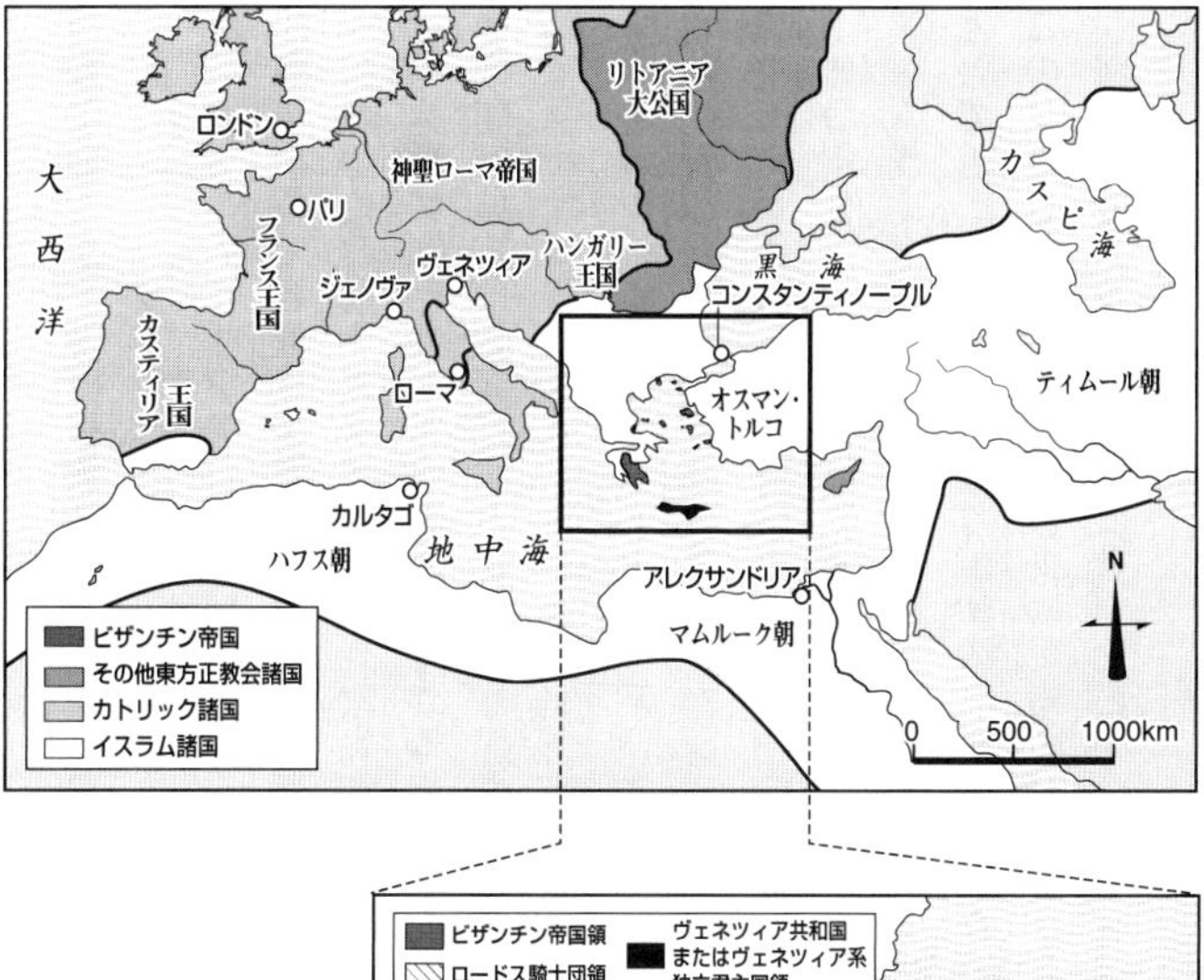

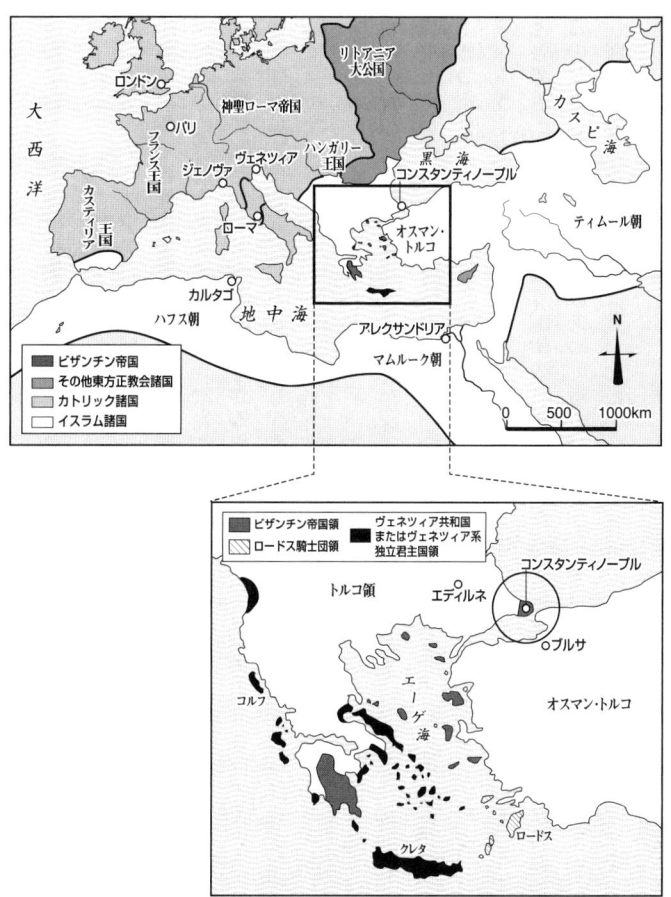

滅亡直前のビザンチン帝国（1453年）

持っていたが、通商民族ではなかったのである。

しかし、ムラードの後を継いでスルタンになったマホメッド二世は、一四三二年に生れている。再建成ったトルコ軍しか知らないで育ったということだ。また、スルタンになった年は十九歳でしかなかったこの若者は、歴史上でもごくまれにしか現われない人種に属した。彼が存在しなかったとしたら歴史は別の方向に向っていたか、という問いに、「イエス」、と答えるしかない人物の一人であったのだ。

スルタン・ムラードの「パクス・トゥルカ」に心酔しその実施に協力を惜しまなかったのが、トルコの宰相カリル・パシャである。中世・ルネサンスを通して最も良く機能していたヴェネツィア共和国の「インテリジェンス」（諜報《ちようほう》機関）の情報では、トルコ宮廷内での親西欧・親ビザンチン派を代表する人物、とされている。スルタン・ムラードの信任もすこぶる厚く、スルタンはバランス感覚に優れたカリルを宰相として重用しただけでなく、次のスルタンになる息子の養育までまかせたのだった。この父は息子に、臣下ではあってもカリルを、「ラーラ」（先生）と呼ばせていた。父の死でスルタンの座に就いた当初のマホメッド二世は、カリル・パシャを宰相に留任させた。ヴェネツィアの「インテリジェンス」は、これを見て、トルコの外政の継続を本国政府に報告したくらいである。だが、西欧きっての諜報機関も、その後まもなくしてトルコの宮廷の奥深くで起った、一つのエピソードまでは知らなかったのであった。

スルタン即位の一年後になる一四五二年のある日の夜半すぎ、マホメッド二世は宰相を呼びに行かせた。迎えに立った黒人奴隷《どれい》にともなわれて現われたカリル・パシャは、この時刻の急な召し出しを不審に思ったにちがいないが、主人に呼び出されたときの臣下の慣習に忠実に、銀の盆に山と盛られた金貨を捧《ささ》げて参上したのである。

マホメッド二世は、宰相を部屋着姿のままで迎えた。老宰相はその前の床に頭をつけて深々と礼をした後で、持参した銀盆を捧げるようにして前に置いた。二十歳のスルタンは言った。

「これはどういう意味ですか、先生《ラーラ》」

マホメッド二世はスルタンになって以後も、公式の席以外ではカリルを、「ラーラ」と呼びつづけていたのである。老宰相は答えた。

「御主人様、深夜に高位の家臣が主人の召し出しを受けた際、なにも持たずに御前に参じてはならないのは慣習でございます。わたしもそれに従いましたが、ここに持参したのは、ほんとうを申せばあなた様のもの。わたしのものではございません」

若者は言った。

「あなたの持つ富は、わたしにはもう必要ではない。いや、あなたの持っているよりもずっと多くの富を贈ることもできるのです。わたしがあなたから欲しいと思うものは、ただひとつ。

あの街をください」

宰相カリル・パシャは、先のスルタン・ムラードとともに長年の間つづけてきた政策が、音をたてて崩れ落ちるのを感じていた。しかし彼は、臣下でしかない。老いた宰相は力なく頭を下げたまま、全力をつくしての奉仕を約束するしかなかったのである。

コンスタンティノープルの運命は決まった。一千年の間存続してきたビザンチン帝国の歴史にも、終止符が打たれる日が来たのであった。

読者へのお願い

お願いは、次の一事につきる。西暦一四五三年の四月十二日にトルコ軍の砲口が火を噴き、その後の五十六日間つづくことになるコンスタンティノープルの攻防を、詳述していくことはこの場ではできない理由を、わかっていただきたいということだ。

攻めるイスラム・トルコの戦力は、陸上だけでも十六万。守るキリスト教側は、西欧の商人たちまでが加わっても、ようやく七千。絶望的な状態であったにかかわらず二ヵ月近くも持ちこたえただけでも一大ドラマだが、それを描きつくすには攻防戦の一日一日を、また参戦した一人一人の想いと行動を、詳細に追っていくしかないのである。

だが、ここでそれをやっていたのでは、世に言う「樹《き》を見て森を見ず」になってしまう危険がある。四方八方に枝が見事に張り、それを繁《しげ》った葉がおおいかくしている大樹に照明を当てるのに集中してしまうと、森全体を描き出すという目的から離れてしまうのだ。

ヴェネツィア共和国の通史を書いた『海の都の物語』の執筆中に、私を悩ませたのも同じ問題だった。『海の都の物語』が「森」であり、このヴェネツィアとは深く関係していても、コンスタンティノープルの攻防戦も、トルコに攻められた聖ヨハネ騎士団の苦闘も、そしてイスラムとキリストの両勢力が正面から激突したレパント沖での海戦も、大樹ではあってもあ「樹」であったからである。

この問題の解決のために当時の私が採用した方法は、それらの「樹」を「森」の外に移し、その「樹」を書くときは「森」を忘れる、というものだった。

こうして、『海の都の物語』とは別に、

『コンスタンティノープルの陥落』

『ロードス島攻防記』

『レパントの海戦』

の三作が生れた。

今の私も、『海の都の物語』を執筆していた当時と同じ問題に直面している。なぜなら、この『ローマ亡き後の地中海世界』も、「森」であるからだ。それも、『海の都』も『地中海世界』も別箇に独立して存在する「森」ではなく、同じ時代の同じ地中海世界を取りあげているという点で、微妙に重なり合っている「森」なのである。

ただし、根本的なちがいはある。『海の都』を書いていた当時の私は、ヴェネツィアから地中海を見ていたのに対し、この書での私の立地点は地中海の中央にある。地中海の真中ぐらいに立って、前後左右を見ているという感じだ。

その証拠に、この書の上巻では、ヴェネツィアへの言及が少なかった。他の国々とちがってヴェネツィア共和国だけが、いかにもヴェネツィアらしいやり方ながら、相当に早い時代に海賊問題を解決していたからである。その証拠に、北アフリカ各地の「浴場」に収容されていたキリスト教徒の奴隷の中に、ヴェネツィア市民はほとんど見られない。

しかし、この下巻になると、ヴェネツィアへの言及が増えてくる。コンスタンティノープル陥落後の地中海世界では、海賊も激変するからである。海洋国家でもあるヴェネツィア共和国にとって、それは、これまでの海賊対策では対応できない時代に入ったということであった。

とは言っても、『海の都の物語』を発表した年から二十年近くも過ぎれば、少しぐらいはトクすることも出てくる。それは、立脚点はちがっても同じ時代の地中海世界をあつかった『海の都』という「森」はすでに刊行しているだけでなく、これに深く関係する「樹」のほうも三本まで刊行済みであることだ。それは、中世・ルネサンス時代の地中海世界をよりくわしく知りたいと思う人ならば、すでに刊行済みのヴェネツィアの通史という「森」と三大戦闘《バトル》という「樹」を、どうぞお読みくださいとのお願いになる。私のほうは『ローマ亡き後の地中海世界』と名づけた「森」のほうを描くのに集中しますから、という感じで。

こうも勝手なお願いを著者がするのは礼を失する行為と思われそうだが、歴史という人間世界の種々相を再現するにはどこか一点に照明を集中する、ないしはどこか一箇所に立脚点を置く、必要がどうしても生じてくる。「樹を見て森も見る」などは、ほとんどの場合は不可能ではないかと思うくらいだ。


だがここで、『ローマ人の物語』を書いていた当時はこの問題にどう対処していたのか、と振り返ってみたら愉快なことに気がついた。なぜなら、あれを書いていた十五年の間というもの、「樹」と「森」の関係については意識さえもしなかったからである。

ではなぜ、意識もしないで済んだのか。

同じく一千年の通史なのに、二巻で終えられた『海の都』に比べ、『ローマ人』は十五巻を費やしたためか。分量のちがいからくる目《め》配《くば》りの差は、やはりあるだろう。

しかし、理由はそれだけではないような気がする。

ヨーロッパと中近東と北アフリカを網羅する大帝国を創設し機能させつづけていた

時代のローマ人にとっては、「われらが海《マーレ・ノストゥルム》」と呼んでいた地中海をめぐるこれらすべての地域で起る問題は、自分たちで解決しなければならない、いや自分たちしか解決できない、「われらが問題」であったのだ。それで、このローマ人たちを書いていた私も、ごく自然に、「樹を見て森も見る」書き方になったのではないかと思う。

一方、ヴェネツィア共和国は、地中海世界の重要な一員ではあったが、ローマのような覇者ではなかった。このヴェネツィアにとっては、海賊に拉致《らち》され北アフリカの「浴場」で苦しむ人々が自分たちと同じキリスト教徒であっても、ヴェネツィア市民ないしその関係者でないかぎり、「われらが問題」にはならなかったのである。

このヴェネツィアを、当時のヨーロッパの他の国々は、自己中心主義で自分たちの利益を守ることしか頭にない商人の国と非難した。そのような面が多々あったことは私も認める。

しかし、われわれが知る国や帝国は、大なり小なりヴェネツィア型の国家ではなかったであろうか。今ならばこれを、「大国のエゴ」と呼ぶだけがちがいで。ローマ帝国のほうが、人類の歴史では特殊例ではなかったかと思い始めている。ローマ以降の国々は、それが帝国と呼ばれても、本質的な意味でも表象的な面でも、ローマとはちがった性質になるしかなかったのだろう。

こうなると、「樹を見て森を見ず」の問題への対処法も、今なおお完全にアクチュアルな命題ではないかと思う。

スルタン・マホメッド二世

後世の歴史家たちからは東ローマ帝国と呼ばれることからも、「キリスト教を信ずるローマ人の帝国」と信じられてきたビザンチン帝国は、一四五三年の五月二十九日、首都コンスタンティノープルの陥落とともに滅亡したのであった。

勝者マホメッド二世は、「あの街をください」と言ったほど欲したコンスタンティノープルに、自ら率いるトルコ帝国の首都を移す。キリスト教徒である住民たちは奴隷にされ、キリスト教の教会は、新たにこの街の住民になるイスラム教徒のためのモスクに改造された。そして、これら一連の変化は、二十代に入ったばかりのこの勝利者の頭を占めていたのが、西方のキリスト教世界への進攻であることを示していたのである。

キリスト教世界であるヨーロッパは、ビザンチン帝国というクッションが取りのぞかれた今、若く有能で大胆な指導者に率いられた強大なイスラム帝国の脅威を、今度こそはまともに受けることになったのだ。

コンスタンティノープルの陥落の直後に、この若い勝利者との関係改善のために送りこまれた、ヴェネツィア共和国特使マルチェッロに随行していた副官のラングスキは、八ヵ月間にもおよんだ困難な交渉の間に得た印象を、次のように記している。

「スルタン・マホメッドは二十二歳。均整のとれた身体《からだ》つきで、身の丈は並よりは高いほうに属する。武術に長じ、親しみよりは威圧感を与える。ほとんど笑わず、慎重でいながら、いかなる偏見にも捕われていない。一度決めたことは必ず実行し、それをするときは実に大胆に行う。

アレクサンダー大王と同じ栄光を望み、毎日、ローマ史を、チリアコ・ダンコーナともう一人のイタリア人に読ませて聴く。ヘロドトス、リヴィウス、クルティウス等の歴史書や、法王たちの伝記、皇帝の評伝、フランスの王たちの話を好む。トルコ語、アラビア語、ギリシア語、スラヴ語を話し、イタリア半島の地理にくわしい。アエネーアスが住んだ土地から、法王の住むローマ、皇帝や王が宮廷を置いている町、全ヨーロッパの国々などが、それぞれ色分けされ印がつけられた地図を持っている。

スルタンの装束

支配することに特別の欲望を感じており、地理と軍事技術に最も強い関心を示す。われわれ西欧人に対する、誘導尋問が実に巧みだ。

　このように手強《てごわ》い人物を、われわれキリスト教徒は相手にしていかねばならなくなったのである」


　ビザンチン帝国を滅亡させ、コンスタンティノープルがイスタンブールと呼ばれるように変って以後のマホメッド二世は、まるで、返す刀で斬《き》るという感じで西方キリスト教世界への侵攻に乗り出していくことになる。二十代に入ったばかりのこの若者は、自分が何を実現したいかをはっきりと知っていたのだ。

　コンスタンティノープルの陥落以前に早くも祖国を見捨て、東方正教からカトリックに宗旨変えし、ヴェネツィアで学究生活を送っていた枢機《すうき》卿《けい》ベッサリオンは、スルタン・マホメッドの野望はどこにあるのかと問われて、次のように答えている。
「彼自らの考えと能力によって、世界を再編成すること。
再編成った後の世界は、唯一《ゆいいつ》の神しか存在せず、ただ一人の皇帝に統治され、
マホメッド以外の預言者は認めない世界になるだろう」
マホメッド二世は、いかにアレクサンダー大王に憧《あこが》れようと、やはりイスラム教徒であった。多神教のギリシア人であったアレクサンダーならば、次のように言ったであろうから。
「自らの考えと能力によって、世界を再編成する。
再編成った世界は、人々がそれぞれ信ずる神々が存在し、
とはいえただ一人の皇帝が統治し、
マホメッドもふくめた預言者たちを認める世界」と。

しかし、一神教のイスラム教徒にとっての「世界」とは、ユダヤ教は言わずもがなキリスト教の存続も当然という感じでは認めない、イスラム教が主導する「世界」なのであった。

この野望を実現するための軍事力も、スルタン・マホメッドは持っていた。コンス

タンティノープルの攻略に、陸上軍だけでも十六万の戦力を投入できたのだ。この大戦力を西方への侵攻に使うのに、マホメッドは時間を無駄にしなかった。いや、無駄にすることは許されなかったのだ。

中世のトルコ帝国は、常備軍を持つことで高水準の軍事力を維持していた、古代のローマ帝国ではなかった。

コンスタンティノープル攻撃に投入された十六万も、正規兵と考えてもよいのはそのうちの三分の一にも満たない。それ以外はトルコに命じられて兵を提供するしかなかった周辺の国々からの兵士たちだが、いずれも弱小国ゆえ派遣できる兵の数も少ない。トルコのスルタンの命令ゆえにやむをえずコンスタンティノープルの攻撃に参加したセルビアでも、純戦力としてよい騎士の数は一千五百、従兵や馬丁まで入れても四千五百である。

セルビアがこれでは、バルカンの他の国々の提供数は知れていた。結局、十六万のうちの半数以上が、戦利品目当てに集まった傭兵《ようへい》であったことになる。トルコ軍のこの実態が、トルコ帝国の軍事力の弱点であったのだ。つまり、大軍を持ちつづけるために、トルコは勝ちつづけなければならないのだ。属国は、トルコの力が衰えたと見るや兵力を提供しなくなるし、戦争をカネもうけの機会としか考えていない者どもは、歯を食いしばっても敗北に耐えるなどというまねは絶対にせず、敗色濃しと見るや戦場を放棄して逃げ去る。

勝利者でありながらスルタンが信頼できたのは、イェニチェリ軍団の二万足らずであったろう。

大都市の攻略には数年を要するのが当り前であった時代、コンスタンティノープルは、二ヵ月足らずで陥落した。これが属国にトルコの力を再確認させ、戦争屋たちにはトルコ軍で闘う有利を認めさせたことはもちろんだ。しかも、中程度の勝利ではなく大勝利であったので、効果のほうも大きかったのである。

しかし、それだからなおのこと、スルタン・マホメッドには、これ以後も勝利をつづけることが宿命づけられたのである。一度でも敗北を喫しようものならば、たちどころに十六万は六万に減ったであろうから。また、兵士たちを遊ばせておくわけにもいかなかった。勝った後に時間をもてあましている兵士ほど、社会不安の原因になりやすいものはない。たしかに、コンスタンティノープル陥落直後のマホメッド二世の行動には、敵に衝撃から立ち直る時間を与えない、とでもいうような性急さが見られるが、彼のほうにこそ、早くも次の戦いに移らねばならない必要があったのだった。

コンスタンティノープル陥落の翌年に早くも、西方への進軍を命じている。そして、その後一年もしない西暦一四五五年には、セルビアの征服に成功した。一千五百のセルビア騎兵をコンスタンティノープル攻撃戦に提供していながら、キリスト教徒というだけでセルビアの人々は亡国の民にされたのである。

翌一四五六年には、ボスニアもトルコの支配に屈した。これによってポーランドとハンガリーが、イスラム・トルコに対抗するキリスト教世界の、最前線に立たされることになったのである。

一四六〇年になるとマホメッド二世は、自下の大軍を南に向ける。ギリシア南部のペロポネソス半島を統治していた、ビザンチン帝国の皇統を引く者を一掃するのが狙《ねら》いだった。コンスタンティノープル陥落時に戦死したビザンチン帝国最後の皇帝の弟たちも、一人は死に一人はローマに亡命する。これによってギリシアは北から南まで、トルコの支配下に入ったことになる。

翌一四六一年、マホメッド二世の大軍は、小アジアに向けてダーダネルス海峡を渡った。小アジアの北部、黒海に沿う都市トレビゾンドを攻略するためである。これも成功し、ビザンチン帝国の皇統を伝えるもう一つの国、トレビゾンドも滅亡した。黒海は、トルコの海になったのである。

ヴェネツィアの諜報機関は、この時点で早くも、トルコはエーゲ海もトルコの海にしようとするのではないか、と本国に通報している。

この推測が現実になるのに、二年とかからなかった。一四六三年、それまでは陸上での戦闘しかしてこなかったトルコ軍が、海に進出してきたのである。

エーゲ海へ

初めに標的にされたのは、二百年以上もの間ジェノヴァの植民地であったレスボス島だった。トルコ軍の戦法はいつものとおりで、八万もの大軍を上陸させ、堅固な城《じょう》塞《さい》づくりの都市を陸側から攻めるのである。守るジェノヴァ側は、戦闘員五千。この五千に住民の二万が協力して防衛に当ったのだが、八万には耐えきれなかった。

レスボスは、エーゲ海に浮ぶ島ではあっても、トルコ領になっている小アジアの西端に近接している。海運国ではなくてもトルコは、補給線確保に苦労する必要がなく、そのことも、八万の大軍が腰を落ちつけて攻撃に専念できた理由であった。

陥落後の惨状は、トルコに敗れたらどうなるかを示し、西方のキリスト教徒たちに、あらためて十年前のコンスタンティノープルの陥落を思い出させたのである。

住民たちはそのまま島に居残ることを許されたが、それは老いた男女とまだ幼い子供たちにすぎなかった。肉体の頑健な若者はトルコ軍の兵士に徴用され、女たちはトルコ人の奴隷として連れ去られ、職人や知識階級に属す人々は、コンスタンティノープルに移住させられた。トルコ帝国の首都になりトルコ人の間ではイスタンブールと呼ばれるようになったこの都市は、陥落当時の大量の住民の奴隷化で、常に人口を補充しなければならない状態にあったのである。

マホメッド二世自身は、自分用という理由で、八百人にのぼる少年と女を自ら選び、イスタンブールに連行させた。その中には、トレビゾンドの王の義妹であり、当時のギリシア世界で最高の美女と評判だった、レスボス島の領主の妻も入っていた。

領主をはじめとして、命は許すという約束で降伏した三百人の主だった人々も、そのような約束などはなかったとでもいうかのように殺された。もちろん、レスボス島の真の支配者であったジェノヴァ人たちが、一人残らず殺されたのは言うまでもない。

十年前のコンスタンティノープルの陥落で大損害をこうむっていたジェノヴァ共和国にとって、レスボス島の陥落は最後の一撃に等しかった。

しかし、このジェノヴァとは常にライヴァルの関係にあったヴェネツィアにも、他人事と思って済ますことは許されない事態が迫っていたのである。

この六年後の一四六九年、不吉な情報がヴェネツィアを不安にしはじめていた。小アジアで大量の火薬が製造されていること。スルタンの命によって、十万を越える数の兵士の徴集がはじまったこと。ガリーポリやコンスタンティノープルにある造船所で、多数の船の建造が急ピッチで進んでいること。

これらすべてはヴェネツィアの諜報機関が察知した情報だが、次の一例は、このヴェネツィア人による情報の収集がどのように行われていたかを示しているので紹介したい。

地元の人さえも入ることが禁じられたほど厳重に隔離された場所での多数の船の建造であるにかかわらず、その事実が判明したのは、ジェノヴァ商人と取引したヴェネツィア商人の契約書を分析した結果であった。

多量の塗料が売られていたのである。そのジェノヴァ商人の取引先がトルコ政府であることを、つきとめるのは簡単だった。通商基地でもあったレスボス島をトルコに奪われた怒りを忘れなかったジェノヴァ人が、常ならば明かさないことも明かしたからである。後《あと》は、トルコ宮廷内に侵入させてあるスパイによって、大艦隊の行き先がどこかを探ることだった。

後にはイギリスの諜報の専門家から、「インテリジェンス」の始まりは中世のヴェネツィア共和国、と言われるようになるだけあって、ヴェネツィアの「インテリジェンス」はこのときも正確な情報の入手に成功する。

マホメッド二世が大艦隊の行き先は黒海だという偽《にせ》情報を流そうと、もはやそれには欺《あざむ》かれなかった。二百五十隻《せき》もの大艦隊の行き先は、北にある黒海ではなく、南に広がるエーゲ海であるとの確報をつかんだのだ。そして、これらの情報をもとにして立てた予想は、ヴェネツィア領のネグロポンテを攻めて来る、というものであった。

早速、ヴェネツィア本国からは、提督カナーレの率いる三十二隻の軍用ガレー船が、ネグロポンテに向けて出港した。

ネグロポンテは、アテネの北に位置し、エーゲ海に浮ぶ島の一つである。とはいっても面積はクレタ島の三分の二と広く、ギリシア本土とは狭い海峡をはさんでいるだけなので、島というよりも本土の一部という印象のほうが強い。ここは、ヴェネツィ

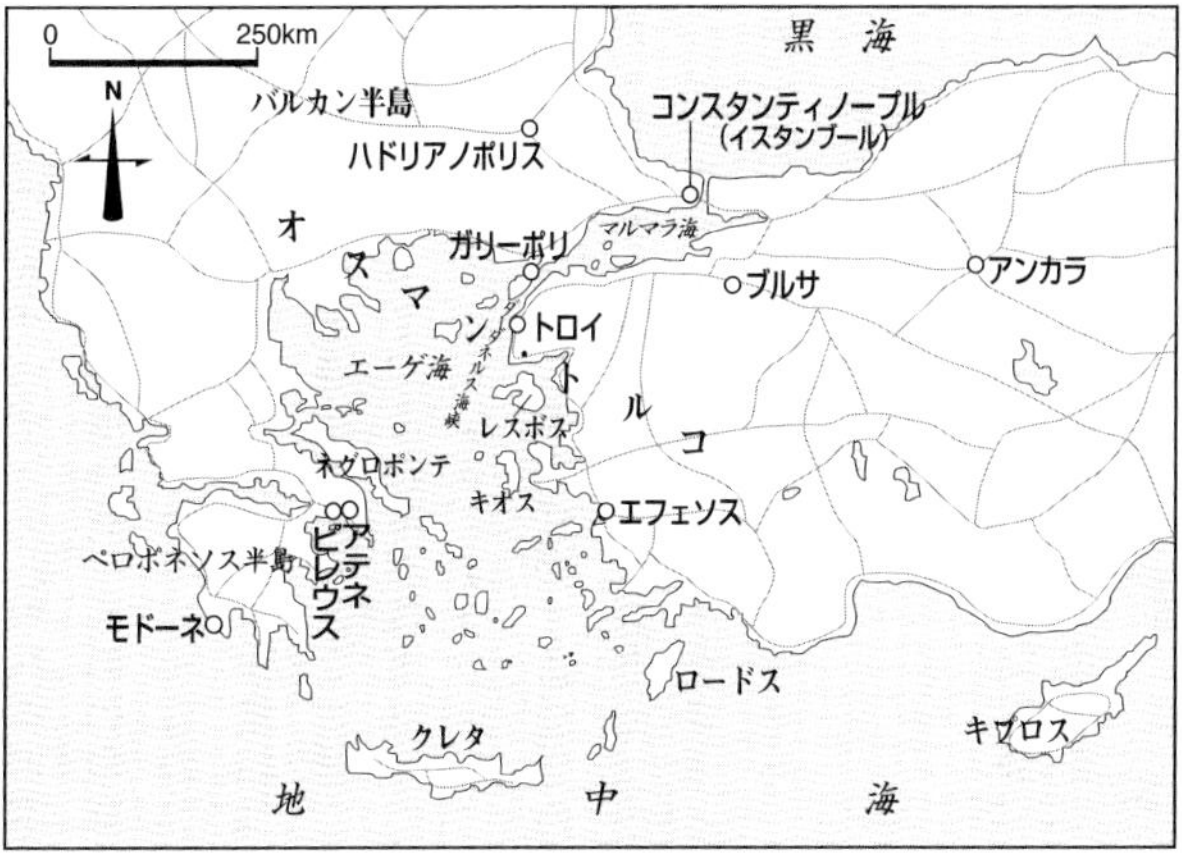

エーゲ海とその周辺

アが主導した一二〇四年の第四次十字軍以来、二百七十年間というもの、ヴェネツィアの植民地であり海軍基地としてつづいていた。ギリシアへの定期航路を来る船団も、ヴェネツィアを出港し、アドリア海を南下して地中海に入り、ペロポネソス半島の南端をまわった後は、ネグロポンテに寄港すると決められている。ヴェネツィアの定期航路を行く船団には、海賊への対策のために軍用ガレー船の護衛つきで発《た》たせるのが常であったので、軍船には海軍基地に寄港する義務があったのだ。

　また、商船とて寄港して、不都合なことはなかった。その昔、トロイへ向うギリシア連合軍の船団が集結したといわれるだけに、ネグロポンテとギリシア本土の間の海峡は波静かで、この後でコンスタンティノープルや黒海へ向う商船の中継基地としても最適であったのだ。それに、外港ピレウスが使われなくなってからのアテネは物産の集結地としての役割も失っていたので、代わってネグロポンテが集結地になっていたのである。計画的で継続的な交易システムを機能させていくことこそが自国の経済繁栄の鍵《かぎ》と信じていたヴェネツィア共和国にとって、このネグロポンテの重要度は、東地中海交易最大の基地とされていたクレタ島に劣るものではなかった。

　ヴェネツィア政府が任命する総督の待遇でも、コンスタンティノープル駐在大使、カイロ駐在大使、クレタ島総督とまったく同等の権威と権力を与えられていたのである。ヴェネツィアがいかにネグロポンテを重要視していたかは、今日でも見られる全島に散在する、ヴェネツィア領であった時代に築かれた数多くの要塞が実証している。

　このネグロポンテを、マホメッド二世は、はじめて自ら指揮をとる、最初のヴェネツィア領征服の目標に選んだのであった。ビザンチン帝国を滅亡させた勢いを駆っての西方キリスト教世界への大攻勢を、マホメッド二世は陸と海の両方から行うと決めていた。そのマホメッド二世に対し、陸上で立ちはだかったのはハンガリーだが、海からのトルコの攻勢に立ちはだかることができるのは、一海洋都市国家とはいえやはりヴェネツィアであるからだった。

だからこそ、レスボスを攻めたとき以上の、十二万の兵士と二百五十隻の船を投入したのである。この大軍がコンスタンティノープル（イスタンブール）を出港してダーダネルス海峡を通過し、エーゲ海になだれこんでいく様《さま》は壮観だった。ヴェネツィアの放っておいたスパイは、一団となって眼前を南下していく船の帆柱はいつまでもつきない林のようであった、と報告している。

このトルコに対して守りに立ったヴェネツィアの基地ネグロポンテの防衛力だが、陸軍はゼロに等しかった。本国の人口が女子供もふくめても二十万に達しない都市国家では、海外に散らばる多くの基地の守りに自国の男たちを常駐させておく余裕はない。一千に満たないヴェネツィア兵とそれに協力して防衛に起《た》ったネグロポンテの住民のギリシア人に、このヴェネツィアの通商基地の軒を借りて商売している西欧の交易商人たちを合わせても、防衛力の総力はレスボス島を守ったときのジェノヴァ勢よりも少なかったのではないか。コンスタンティノープルの陥落によってガラタにあった一大居留地を失って以後のジェノヴァがレスボス島にまで後退していたのに対し、ヴェネツィア共和国には、クレタを始めとする海外基地がまだ、エーゲ海の各地に健在であったからだった。

しかし、トルコ軍は、十二万で攻めてくる。その十分の一にも達しない兵力で、島全体の防衛は不可能だった。拠点防衛策を、とるしか道はない。ネグロポンテにある港の中でも最大で、しかも狭い海峡に面しているとはいっても海中に突き出ている城塞に、防衛を集中することにしたのである。総指揮は、当然ながら総督がとる。


陸上の防衛力では劣勢は明らかだが、海上の防衛力でもヴェネツィアは、数のうえでも劣っていた。二百五十隻を投入してくるトルコに対し、クレタや他の基地から着くはずの援軍を加えても七十一隻にしかならない。ただし、海上での軍事力は、海運の伝統に基づいている。海上交易の伝統をもたないトルコは征服した民であるギリシア人に船の操縦をまかせていたが、それでも、ヴェネツィアやジェノヴァのイタリア海洋国家とトルコの海戦能力の差は、一に対し四か五の比率と言われていた。二百五十隻に対するに七十隻で対抗できただけでなく、優勢に立つことも充分に可能であったのだ。

ただしこれは、海上で戦闘に訴えた場合の戦力の差である。そして、この現実を熟知していたらしいマホメッド二世が極力ヴェネツィアとの海戦を避けたのに対し、このときのネグロポンテ防衛に送られた総督カナーレは、戦場での指揮官ならば絶対にそなえていなければならない、臨機応変に対応する能力に欠けていた。

一四七〇年の六月の初め、トルコ軍、ダーダネルス海峡を出る、との報を受けたカナーレは、トルコ海軍が六十隻ずつの船団を組んで航行してきたら、海戦に訴えるがゆえ急報せよ、との命令を与えた快速の小型船を偵察に出した。

トルコ軍も、大艦隊を海に送り出す際の常識に忠実に、いくつかに分れた船団ごとに隊を組んで航行してくるものと思いこんでいたのである。これが常識だが、トルコ海軍の欠点を知っているマホメッド二世は、この常識に反する命令を与えていたのだ。二百五十隻の全船が一団となって航行せよ、と。船間距離のとり方を誤った船同士が激突して沈没しようと、そのようなことはこの専制君主にとって、許容範囲のリスクにすぎなかった。

それゆえに偵察船が見たのは、まるで牛の群れでもあるかのように、船列も何もなく一団となって押し寄せてくるトルコの艦隊であった。この報告を受けたカナーレは、クレタから到着するはずの援軍を待つことに決めた。それも、拠点防衛に選んだ城塞

マホメッド二世

港からは遠く離れている、ネグロポンテにあるもう一つの港で待機することに決めたのである。おかげでトルコ軍は、六月十五日、誰にも邪魔されずに全軍が上陸することができた。

三十八歳になっていたスルタン・マホメッド二世は、陣頭指揮をとりながらも、クレタからの援軍の艦隊が到着していないことも、カナーレ指揮下の三十二隻が島の別の港に向ったのも知っていた。トルコ側にもスパイはいたのである。とくにマホメッド二世は、ほとんどがカネ目当てのスパイたちを活用することが巧みだった。

好機のほうも活用する気充分であったマホメッド二世は、上陸から十日後には早くも第一回の総攻撃を決行している。しかし、長年にわたってヴェネツィアの重要基地であっただけに、城塞都市はびくともしなかった。反対にトルコ側は、一万六千の兵士を死なせ、三十隻もの船を焼き払われて撤退するしかなかったのである。

だが、マホメッド二世には、人的被害も船を失うのも、想定内のことなのである。二度目の総攻撃は五日後に行われ、これも失敗に終わったが、その後も攻撃の手はゆるめなかった。七月五日、そして八日、大砲が火を噴き兵士がいなごの如《ごと》く襲いかかる総攻撃を続行する。それでも防衛側は、よく持ちこたえた。ヴェネツィアの誇りである海軍が駆けつけてこないはずはないと信じていたので、防衛側の士気は高かったのである。

マホメッド二世は、ここで戦術を変えた。被害の大きさとたび重なる総攻撃の失敗を、反省しての戦術転換ではない。攻撃が長びくのを嫌ったにすぎないのだが、クレタからの援軍の到着を怖《おそ》れたからでもあった。

戦術の転換とは、これまでのように城塞にとりつくのに舟に乗せた兵士を送るのではなく、狭いうえに波静かな海峡であることに眼をつけて、そこに小舟を並べた橋をかけることにしたのだ。いちいち兵士を舟に分乗させて送るのと、橋の上を一挙に渡らせるのとでは、投入する兵力の量がちがってくる。

防衛側も、ただちにことの重大さを悟った。城塞からは建造中の橋に向って大砲が火を噴き、橋を建造中のトルコ兵に向って、防衛側の放つ石弓の矢が降りそそぐ。同時に、城塞の塔高く急を告げる黒旗をかかげ、ことは別の港で待機中のカナーレの艦隊に、参戦の催促も発した。だが、これを見ていながらカナーレは、動こうとはしなかったのである。

それと同じ時期、マホメッド二世は、城塞を逃げ出したギリシア人から得た情報で、城壁の中でも守りが手薄な箇所を知った。翌日からの砲撃は、その箇所に集中するようになる。そうこうしているうちに橋のほうも完成し、兵士を通すだけでなく、橋の上に設置した大砲からの砲撃までが可能になった。

ヴェネツィア基地の要《かなめ》とも言ってよいネグロポンテの城塞は、陸側からだけではなく、海側からも攻撃を受けることになったのである。それでいて、すぐそばにいながらいっこうに動こうとしない自国の海軍。夜になっても止まらない砲声と、イェニチェリ軍団の兵士たちの歌う不気味な東洋風の旋律。

これらすべてが、防衛側を絶望に落としこんだ。五回目の総攻撃に対しても守りぬいた日の翌日、マホメッド二世からは開城を推《すす》めた手紙が送られてきた。ネグロポンテの総督は防衛側の主だった人々の考えを聴いた後で、それを受けることにしたのである。マホメッド二世は、降伏した者の首を斬るようなまねは絶対にしないと、アラーの神に誓って約束してきたからであった。ネグロポンテのヴェネツィア城塞は、こうして、トルコ軍の大砲が火を噴いてから一ヵ月も過ぎていない、七月十二日をもって開城したのである。

マホメッド二世は、約束を守った。ただし、いかにも彼らしいやり方で守ったのだ。総督以下防衛に起《た》った西欧人の全員の、首は斬らなかったが胴体を真二つに斬って殺したのであった。

ところが、落城と同じ日、ロレダン指揮下の二十三隻と、ヴェネツィア本国からのヴェニエル指揮の十六隻が到着していたのである。カナーレ指揮の三十二隻と合わせて、七十一隻もの軍用ガレー船が集結したことになる。このヴェネツィアとトルコの艦隊は、奇妙な雰囲気の中でにらみ合っていたが、それも結局は、マホメッド二世を、二週間ネグロポンテに釘《くぎ》づけにしただけの効果しかなかった。ヴェネツィアの誇りであった海軍は、一戦も交じえないで、自国の重要基地を敵の手に渡してしまったのである。

そのヴェネツィア人を馬鹿《ばか》にするように、マホメッド二世も乗船したトルコ艦隊は、コンスタンティノープルへ向けて発つ。征服したばかりのネグロポンテの守備には、二万の兵が残されただけだった。

トルコ艦隊がエーゲ海の北上に入ってからも、ヴェネツィア艦隊は行動を決めかねていた。来たときと同じように密集隊形をとってひたすら北に向うだけのトルコ艦隊を追いながら、海戦を主張する者と、以後の制海権確保を考えて海軍力を温存すべきと主張する者とに、意見が分れていたのである。このような場合、討議が長びけば長びくほど、大勢は慎重派にかたむくものだ。このときも例外ではなかった。トルコ艦隊は、誰からも邪魔されずに、ダーダネルス海峡に入ることができ、コンスタンティノープルに凱旋《がいせん》することができたのである。

七月三十日になって落城を知った、ヴェネツィアの本国政府は愕然《がくぜん》とした。陸軍の劣勢はわかっていたが、海軍は万全の策をとったと信じていたからである。優秀なヴェネツィア海軍によって他からの補給の道を断たれたトルコ軍は、長期にわたること必定の攻防戦をつづけることができず、結局はネグロポンテ征服を断念して引きあげるであろうと予測していたのだ。それだけに、一ヵ月足らずの攻防戦で敗れるとは、はじめのうちは誰も信じようとはしなかったほどであった。

落城の知らせとともにもたらされた、この悲劇による損失のほうもすさまじかった。オリエントとの交易では伝統のないフィレンツェ商人はヴェネツィアの通商基地で商いに従事している者が多かったのだが、そのフィレンツェの受けた損害額でも四十万フィオリーノにのぼる。ヴェネツィアのこうむった被害はあまりにも大きく、正確な統計を出すことでは西欧一とされていたヴェネツィア政府さえ、このときは確かな数字を発表することができなかったほどである。

海側から西欧に攻めこむ際に立ちはだかる勢力は、ジェノヴァやヴェネツィアのイタリア海洋国家であり、交易国家でもあるこの国々の力を弱体化するには、この国々の通商基地を攻略し、これらの国々を経済面でしめあげるしかないと考え、それを実行に移したマホメッド二世の考えは、正しかった、とするしかなかったのだ。これまでの例にとらわれていたヴェネツィアが、誤ったのであった。

そのことをヴェネツィア政府も感じたのか、本国に召還された提督カナーレへの責任の追及も、死刑ではなく、漁村のポルトグルアーロへの終身追放であった。

それでもこの刑には、西欧諸国の君主たちからの減刑要請が殺到する。ニコロ・カナーレが、当時では有名な法学者で、ローマ、ミラノ、ポルトガル、フランスと駐在大使を歴任し、しばしば開かれる国際会議の常連でもあって、ヴェネツィア市民の中では最も国外に名を知られた人物であったからである。

しかし、ヴェネツィア政府は、これらの権威ある意見にも耳を傾けなかった。それどころか、有名な知識人に自国の海軍をまかせるのに懲《こ》りて、知名度は低くても海軍の経験ならば豊富な男を、提督に任命するようになったのである。この規準で任命され、ただちにネグロポンテに発ったピエトロ・モチェニーゴは、一戦も交じえずに敗れたことで士気は落ち規律も乱れていたヴェネツィア海軍を、もう一度まとめあげるのに成功している。痛打を浴びて倒れても、すぐにも起《た》ち上がる必要があった。倒れたままでいては、ジェノヴァがそうであったように、リングの下に追い落とされてしまうからであった。

だが、ヴェネツィア共和国は、起ち上がるのを、軍事にばかり頼っていたわけではない。情報収集を重要視する国は、外交も重要視する。進攻してくる一方のトルコの勢いを減ずるために、この時期のヴェネツィア政府は、マホメッド二世暗殺からその同じマホメッドへの講和の打診までふくめてありとあらゆる手段に訴えるが、それについての詳細は『海の都の物語』を読んでいただくしかない。

しかし、そのうちでも完璧《かんぺき》な成功で終わったのは、血を一滴も流さずにかち取った、キプロス島の併合だった。これをヴェネツィアがどのように進めたかの詳細も、『ルネサンスの女たち』の第四話を読んでいただくしかないのだが、キプロスの併合に成功したことによって、ヴェネツィアは、ネグロポンテを失ったことによる軍事上経済上の損失を、ほぼ完全にとり返したことになった。


このように、コンスタンティノープルの陥落からはじまった十五世紀後半の東地中海の状態の変化を追ってくると、これではもはやトルコの勢いには抗しがたく、地中海世界全体が赤地に白の半月のトルコ国旗で埋まるのも、時間の問題であったろう、と思うようになってくる。

しかし、よく見ると、いや当時ではどの国よりもよく見ていたヴェネツィア共和国の情報によれば、向うところ敵なしの観であったトルコの軍事力、それもとくに海上の軍事力には、致命的な欠陥がひそんでいたことがわかる。

スルタン・マホメッド二世の行った征服行が、勝戦つづきであったのではない。十万の大軍を送っていながら、騎士の数ならば六百人でしかなかったロードス島の征服も、三ヵ月後には軍を引き揚げるしかなかった。ロードス島を本拠にしていた聖ヨハネ騎士団の防衛も断固としたものだったが、失敗の原因は何よりも、長期にわたる戦争になるとトルコ軍は意外にも弱いことにあった。

コンスタンティノープルの攻撃に投入された十六万のうちで、真にトルコの兵士と言えるのは、二万足らずのイェニチェリ軍団兵と、それ以外はトルコ領の各地から徴集した五万前後の兵士だけであったことを思い起されたい。残りの十万の大半はカネ目当ての烏合《うごう》の衆であったにちがいなく、これが西欧のキリスト教世界を震駭《しんがい》させた、オスマン・トルコ軍の実態であった。

しかし、陸上の軍事力ならばトルコには伝統がある。いかに烏合の衆でも統率できる力をもつ、指揮官には不足していなかった。

だが、それが海上となると、話はちがってくる。トルコ人には、海運の伝統がない。船を動かすことに通じている人間の、絶対数からして不足しているのである。そして、この種の能力は、必要になったから生れるという性質のものではなかった。

西欧キリスト教世界への進攻を、陸と海の双方から進めると決めたトルコ帝国である。地中海に乗り出すのに、船も航海も知らないトルコの将軍の指揮に、一任することはできなかった。船の操縦は征服された民であるギリシア人にまかせると言っても、船上の位階ではトルコ人の船長のほうが上位になる。これでは軍用ガレー船も、戦力にはならない。無知であることがはっきりしている上司の命令に、従う者はいないからであった。

海賊・新時代

このトルコの海上戦力の欠陥に気づいたのは、スルタン・マホメッド二世なのか、それともトルコの宮廷にいたスルタンの側近の誰かなのか、はわからない。だが、トルコが、自国の海軍のこの欠陥を実に手っとり早く解決できる道を見つけたのは、一四八一年のマホメッド二世の死の前後、であったように思う。なぜならこの時期から、海賊たちが息を吹き返してくるからである。初めのうちは、東地中海で。次いで少しずつ、西地中海にまで。

そう、トルコ帝国は、自国の海上戦力を海賊の頭目たちにまかせることにしたのである。しかもこの方策は、手っとり早いだけでなく安価にもついた。

陸軍よりも海軍を、常時維持していくほうがカネがかかる。まず船があり、その船を建造したり修理したりするための造船所を、各地に常備する必要がある。乗組員も、食べさせていかねばならない。というわけで種々の施設とそれを維持するための経費を必要とするのが海上戦力の特質だが、海賊にまかせるとなるとその費用への心配も必要なくなるのであった。

海戦は避けられないとなったときに、海賊たちに召集をかけるだけでよかったからである。しかもそれ以外の時期は、海賊業に専念してもらってけっこう、というわけだ。一種の契約関係だから傭兵という形の非正規軍事力になるが、傭兵制度はイスラム世界にかぎらず、同時代のキリスト教世界でも広く行われていたシステムである。ただし、イスラム教徒の海賊となると、いくつかの点で、西欧の傭兵とはちがっていた。

第一に、不信の徒であるキリスト教徒を敵とするという、イスラムの大義に沿うことになる。

第二は、私腹を肥やすだけの海賊をやっているだけでは得られない、公認された社会的立場を獲得することになる。

以前に略奪した物と人の五分の一を「首長《アミール》」に上納していた時代に比べれば、立場は断じて強くなったのだ。トルコ帝国海軍にとっては、欠くことのできない一員になったのだから。

トルコが地中海に進出してくる以前の北アフリカの海賊たちは、ジェノヴァやシチリアやスペインの海軍力の台頭によって、急激に勢いを落としていたのである。もしもこの状態のままで進めば、北アフリカからの海賊の脅威も、アルジェやチュニスの近海にまで押しもどすことも可能だと、ローマの法王庁では言われたくらいだった。

第2巻で述べた「救出修道会」と「救出騎士団」の双方による、拉致《らち》されて奴隷《どれい》になっているキリスト教徒たちの救出活動も、買いもどして連れて帰る人々の数が少しずつ減少していたのである。

それが、十五世紀の末になると逆転する。コロンブスが新大陸を発見した一四九二年と同じ年、二つの救出機関が北アフリカの「浴場」から連れ帰った人の総数は五百を越えていた。種々の史料から推測して、優にこの百倍の数になる人々が、「浴場」という名の強制収容所で苦しんでいたことになる。それもこれも、トルコによる海賊の奨励政策のゆえであった。

それに、この政策が変わる見こみはまったくなかった。海賊たちが活躍してくれれば、トルコが征服を目指す国々に、あらゆる面で打撃を与えることになるからである。ガレー軍船を奪えば、海軍力の減少につながる。商船を奪えば、その国の経済力に打撃を与えることになる。上陸し略奪し住民を拉致するのも、その国の経済力とそれを産み出す人間力の双方を、減退させることにつながるのだった。

西欧のキリスト教世界は、トルコの脅威に対抗するだけでなく、そのトルコ帝国の後援によって以前の十倍もの船で襲撃してくるようになった、北アフリカの海賊とも対さねばならなくなったのである。つまり、量的にも質的にも向上した海賊に、対処しなければならなくなったのだ。

海賊船の数が増えただけではない。その海賊船団を率いる海賊の頭目までが、量的にも質的にも向上したのである。社会的に公認された立場を享受《きょうじゅ》しながら、手っとり早く富を手にできる海賊業を、思いっきりやれるのだ。優秀な人材が、集まってくるのも当然であった。

地中海の海賊も、新時代を迎えたのである。その証拠に、これまでに登場した海賊たちで後世にまで名が残った者はほとんどいないが、以後は、スター海賊と呼んでもよい有名な海賊たちが次々と現われてくる。

地中海の沿岸に住む人々にとって、恐怖から解放される日は、いっこうに来ないのであった。


トルコ帝国の地中海への進出以前は、海賊の頭目たちの出身地も、北アフリカ一帯にかぎられていたのである。「サラセン人」(Saraceni)と呼ぶだけで済んでいたわけで、イスラム教の普及とともに北アフリカに流れてきたアラブ人と、イスラムに改宗したムーア人やベルベル人であったのだ。

それが、トルコ帝国の後援を受けるようになって、海賊社会にも新しい血が導入されてくる。頭目《カーポ》たちの出身も、ギリシア、ユダヤ、イタリア、スペインと多様化した。本拠を置くのは以前と同じに北アフリカだったが、地中海を前にする港町を手下を引き連れて闊歩《かっぽ》するのは、アラブ人やムーア人やベルベル人ではなくなったのだ。この人々とてあい変わらず、海賊業はつづけていた。だが、もはや頭目ではなく、今では手下として。

イスラムの海賊の世界でも、中世は終わってルネサンスの時代に入ったのか、と思ってしまう。出身階級などの垣根がなくなり、能力だけで勝負する世界になった、という意味にしても。

この時代の人であったマキアヴェッリは、トルコとは、スルタン以外は全員が奴隷の国である、と書いている。全員が奴隷、とは、スルタン以外の全員は平等、ということでもあった。海賊の世界でも、頭目《カーポ》になるのはその人の能力しだい、という時代になったのだ。

だからこそ人材も各地から集まるようになったのだろうが、能力で勝負するとは言っても、勝負の手段は海賊である。同じく能力で勝負することであらゆる面での生産性を飛躍的に向上させていた、フィレンツェやヴェネツィアを始めとするイタリアの都市国家とは同じではない。それは、これら海賊の世界での〝成功者たち〟の、この世界に入った事情が示していた。

ギリシア人はトルコによる征服以降、ギリシア正教を信仰することは認められたが、あくまでも、一神教のイスラムの国に住む、別の一神教のキリスト教徒としてである。社会的には二級の市民の立場に生きるしかなかった。多くのギリシア人はこの道を選んだが、ギリシア正教からイスラム教に改宗した者も少なくなかった。征服された当時に奴隷にされた者も多かったので、この人々にすれば、奴隷の立場から脱け出したいと思えば、イスラム教徒になるしかなかったのである。

この改宗したギリシア人たちが、スルタン・マホメッド二世による地中海への進攻作戦で、海上輸送を担当したにちがいない。レスボス島もネグロポンテも、結局は撤退したとはいえロードス島も、そして攻略はしたものの領有はあきらめて放棄した南イタリアのオートラントも、海が間に立ちふさがっている。連戦連勝で勢いづいていたトルコ陸軍でも、船で運んでもらわないかぎりは目的地に着けないのだ。

それに、駆り出されていたギリシアの船乗りたちも、おそらくこの時期に、トルコ民族の海への無知と無経験を悟ったろう。そのギリシア人たちが、ならば〝子会社〟をつくって、〝親会社〟が必要とするときには協力し、それ以外のときは独自で事業をする、とでもいうような気になったとしても当然だった。しかも、〝親会社〟自体がそれを奨励しているのだから、〝子会社〟設立の環境はととのったのである。設立の条件はイスラム教への改宗だが、これとて越えがたいハードルではなかったと思う。トルコ人はアラブ人とちがい、信仰面ではより開放的で、キリスト教からの改宗者に対する差別も少なかった。こうして、海賊の世界に、ギリシア出身者が輩出するようになったのである。

一方、ユダヤ人の海賊のほうは少なかった。頭目クラスとなると、一、二を数えるにすぎない。イスラムに改宗するユダヤ人の数自体が少なかったからだろうが、理由はもう一つあった。海賊とて集団で行動する以上は一個の組織だが、それをまとめていくには信用の置ける複数の手下が不可欠になる。だが、アラブ人もそうだったが、ユダヤ人は身内しか信用しない性向が強い。それでユダヤ人には海賊の頭目を務める能力は充分にあっても、配下にする者の絶対数が不足したのである。そのユダヤ人にも〝成功者〟は出てくるが、その人物はユダヤ人には珍しく、他の民族との協力関係を築くのにも成功した人だった。

身内しか信用しないという性向から最も遠かったのが、イタリア人である。それゆえにギリシア人ともトルコ人とも北アフリカの原住民とも協力関係を築くのが巧みだったから、この面では問題はない。だが、一つのことでは完全にちがった。イタリアに生れながらイスラムの海賊になった者のほとんどが、少年の頃に拉致された人ばかりであったのだ。ゆえに彼らの出身地は、北アフリカからの海賊に襲われることが他のどの地方よりも多かった、南イタリアやシチリアに集中している。この人々も、常には海賊業に精を出していてもトルコ政府の召集がかかれば海軍に変身するのだから、キリスト教は捨てイスラム教に改宗していた。

生れたのはスペインなのにそのスペインを襲うのを常とするようになった海賊の出現は、一四九二年に完了した、アラゴン王フェルディナンドとカスティリアの女王イザベルによる、イベリア半島からのイスラム教徒の一掃からである。歴史上では「再征服《レコンキスタ》」と呼ばれるのも、幾世紀にもわたってイスラム教下にあったこの地域を、キリスト教勢力が軍事力によってとりもどしたからだ。追い出されたイスラム教徒の多くは北アフリカに逃れたが、イベリア半島がイスラム下にあった時代は八百年にも及ぶ。今や単なる難民でしかなくなったスペイン生れのイスラム教徒には生きる道が少なく、そのうちの少なくない数が、トルコによる海賊奨励策で息を吹き返していた、海賊の世界に身を投じたのだった。皮肉にも、イスラム下であった時代は海賊に襲われることが少なかったスペインも、イスラム教徒を追い出したことによって海賊の来襲におびえることになったのである。

こうして、時代は進んでいるにかかわらず、海賊は消え去るどころではなかったのだ。大航海時代の幕が開き、ルネサンス文化が華麗な花を咲かせている一方で、地中海に面するキリスト教世界の国々は、質量ともに向上し大国トルコの後援まで受けるようになった海賊たちの、活躍の舞台になったのであった。こうなってはキリスト教諸国も、国家規模の対策を立てねばならなくなる。なにしろあちら側は、戦争状態にない時期の海賊行為を、当事者以外の人々を巻きこむことでより効果もあがる、錯乱戦術と同じように考えていたからであった。

十五世紀末の時点で、国が責任をもって海賊対策を実施していた国は、ヴェネツィア共和国だけであったと言ってよい。このヴェネツィアが各地に基地を置くことで制海権をにぎっていたのは、地中海の中でも、アドリア海とイオニア海とエーゲ海である。だが、ヴェネツィアの交易先には、シリアもエジプトも北アフリカもあり、ジブラルタル海峡を越えて大西洋を北上して着く、北ヨーロッパもイギリスもあった。制海権を有しない海域も航行しなければならないということだが、制海権をもつ海域とて安心はできない。

それで、あらゆる対策を最悪の事態を考えて立てるクセのあるヴェネツィア共和国は、商船団には常に護衛艦をつけることにしたのだった。トルコとは戦争状態にない平時でも、二隻の大型軍用ガレー船の護衛つきで商船団を送り出すのである。自国民で固めた常備海軍を維持していたヴェネツィアだからできたことだが、効果はやはりあった。いかに質量ともに向上しても手強《てごわ》い相手には手を出さないことでは、イスラムの海賊も以前とは少しも変わらなかったからであった。

しかし、このヴェネツィアでも、観光目的の船客を乗せた船にまで護衛をつける余裕はない。この時代の観光は聖地巡礼だったのだが、ヴェネツィアを発ちパレスティーナへ行って帰ってくるこの種の船は、運を神にまかせて航行したのである。不安定な国際情勢の間をかいくぐっての航行はスリル満点だが、当時のヴェネツィアは、国際政治のパワーゲームに参加している一方で、聖地巡礼の団体旅行を組織したりしてちゃっかりもうけていたのだ。これについては『海の都の物語』の第九話の「聖地巡礼パック旅行」で述べているので、興味があれば一読されたい。

法王庁海軍

それに、聖地巡礼と言っても、行き先はイェルサレムのあるパレスティーナ地方だけであったわけではない。

中世の信心深い人々にとっての聖地には、聖ペテロと聖パウロの二人までが殉教したと伝えられているローマもあった。それにローマの法王庁も、金貨の落ちる音を好む傾向では、同時代の通商国家に劣らなかったのだ。

それゆえに考え出された一つが、「聖年《ジュビレオ》」の設置で、西暦一五〇〇年は、その「聖年」に当った。

つまり、ヨーロッパの各地から、信心深いキリスト教徒たちが、いっせいにローマを目指して集まってくる年なのである。これをイスラム教徒の海賊から見れば、獲物が群れをなして狩場に出てくる、ということであった。信者たちの羊飼いであり「聖年」の主催者でもあるローマ法王にすれば、これらの羊たちの無事を神に祈っているだけでは済まなかったのである。

こうして、歴史上はじめて、法王庁海軍が設立されることになった。ローマを訪れる信徒を海賊から守るのが目的であったのはもちろんだが、「聖年」が終わっても継続されたのは、イスラムの海賊の狩場になっていた当時の地中海の状態を反映している。それにローマには、聖年でなくても巡礼者は常に訪れる。その人々を海賊から守る対策を立てる必要を、聖職者であっても感じざるをえなかった、ということだろう。だが、何よりも先に、攻勢一方になったトルコ率いるイスラム勢力に対する危機感が、法王庁が海軍を創設せざるをえなかった根底にあったと思われる。

この「法王庁海軍」も、実は、第一歩はすでに十五年も前に踏み出されていたのである。いかに南の端に位置するとはいえオートラントはイタリア半島にある。そこをトルコが急襲した事件は、ローマの法王庁をふるえあがらせるに充分だった。それで、オートラントの惨劇のわずか五年後に、せめてはローマの外港オスティアだけは守ろうと〝海軍〟を設置したのだが、そのときは一隻《せき》でしかなかった。漕《こ》ぎ手もふくめて二百人が乗る軍用ガレー船だから戦力とは言えたが、ただの一隻では海賊たちの笑いものになっただけだった。

これでは気休めにもならず、またローマへの巡礼が急増する「聖年」も迫っているとの理由で、ときの法王ボルジアは、本格的な海軍の設立を決めたのである。

戦闘用の大型ガレー船（galea）が三隻。同じく戦闘用の小型ガレー船（fusta）が三隻。輸送船の役割をになう大型帆船（galeone）が二隻。これより小型の帆船（brigantino）が三隻。名は捕鯨用の船という意味で「バレニエラ」（balenièra）と呼ばれていたが、実際は旗艦と他の艦の連絡や偵察に用いられる小型の快速船が一隻。

この十二隻で成るのが、鳴り物入りで創設された法王庁海軍の実態であった。海洋国家ヴェネツィアとも、海賊を動員するようになったトルコ帝国とも、比較しようもない規模である。だが、この程度の戦力でも維持しつづけるとなると、一定し継続する財源が必要になる。ローマ法王庁は、ローマの市内に入ってくるすべての物産にかけていた税に、さらに二パーセントの税を積むことにしたのである。海賊への保険だという説明にも、人々は抗議もせずに納得した。息を吹き返したかのように再び活発になったイスラムの海賊への恐怖は、地中海沿岸では庶民までが共有していたのである。

それに、「保険」(assicurazione) という概念も、陸上でも海上でも交易に積極的であったイタリアの都市国家のおかげで、それには直接は関与していない人々の間にも広まっていた。しかし、このイタリア語の語源であるラテン語は、ローマ帝国時代のラテン語ではない。「パクス・ロマーナ」が機能していた時代は、保険は必要なかった、ということであろうか。

ILGALIARDO DEL CALCESE.
GALLA SOTILE
BAND. DA VENTO.
ESAMOLA
ANTENA
BAND. DA.VENTO.
BANDIERADA BATAILA
FORKDOVEST
ELSID
SPEROM
GALERA GROSSA.

ガレー船・二種

いかに時代の要請に応《こた》えたシステムであっても、それを以後も継続していくには実績を示すことが必要だ。たかだか十二隻にしても、西暦一五〇〇年の「聖年」の一年間、ローマに向う途中で北アフリカからの海賊による被害にあった巡礼船は一隻もなかった。これも、聖年が終わった後も法王庁海軍を維持しつづける理由の一つになったにちがいない。

それにしても、これまでついぞ自前の軍事力をもたなかったローマ法王も、陸軍はもたなくても海軍はもつようになったのである。マホメッド二世が目指した西方への勢力拡大が、単なる領土の拡大欲にはなく「イスラムの家」の拡大にあることを、この時代の人々が気づいていたという証拠でもある。そして、このトルコ帝国の野望は、創業者という感じであったマホメッド二世が死に、孫のセリムがスルタンになって以後もつづくのだった。

イオニア海へ

イタリアとギリシアの間に横たわる海はイオニア海と呼ばれているが、その海域のギリシア側には、北から南に、コルフ、パクソス、レウカス、イタカ、チェファアロニア、ザキントスと、大小の差はあっても島々が連なる。ヴェネツィアにとっては、アドリア海を出てオリエントへ向う航路になる。それでヴェネツィアはこれらの島に基地を置くことで、制海権の維持に努めてきた。

ところが、長くヴェネツィア領であったこの島々の一つであるレウカスを、突如上陸したトルコ軍が占領したのだ。そしてただちに堅固な城塞《じょうさい》を築き、勇猛なトルコ陸軍の中でもひときわ勇猛なことで知られた、イェニチェリ軍団を常駐させた。

だが、イェニチェリ軍団の兵士たちを常駐させたことだけならば普通の軍事行動だが、スルタン・セリムは、この島を海賊にも提供したのである。本拠地にせよ、というわけだ。海賊の名はカマル。イタリア人がカマリッキオと呼んでいた男だが、手下を引き連れて喜んで移り住んだのはいうまでもない。そうしておいてトルコ側は、近くを航行していくキリスト教国の商船に、法外な額の通行料を要求したのだった。

イェニチェリの兵士たちが、陸上の城塞にすえつけられた大砲で脅す。それを無視して通り過ぎる船は、海賊たちが快速船（フスタ）を駆って追跡し、船と乗員と荷を失いたくなければ払え、と強いるというわけだ。このトルコの行為の目的が通行料になかったことは、追いつかれて払うしかなかった通行料はそのまま海賊カマルのふところに入っていたことでわかる。トルコの意図は、ヴェネツィア共和国の制海権を崩すことにあったのだから。

これによって最も被害をこうむったのは、この航路に自国の商船を最も多く送り出していたヴェネツィアであるのはもちろんである。だがヴェネツィアは、商船団でも護衛船をつけて送り出すやり方をとっていたので、被害の率ならばさほど高くはなかった。それよりも、オリエントへ向う商船の数の少ない国では、一隻が被害を受けても大変なことになる。フィレンツェが音をあげ、フランスでさえも騒然となる。トルコの狙《ねら》いがヴェネツィアだけではないと、西欧側は再認識するしかなかった。

ヴェネツィアは、この機を活用した。このトルコの暴挙を止《や》めさせるにはキリスト教国は団結して立ち向うしかないと、ローマ法王に働きかけたのである。現実的なヴェネツィアは、自分たち一国だけでトルコに敵対することを可能なかぎり避けていたのだが、キリスト教国の一国ということならば、印象もちがってくるからだった。

西暦一五〇二年、法王ボルジアの呼びかけに応えて、対トルコを目標にかかげた連合艦隊が結成された。内実は次のとおりである。海上では主戦力になる、軍用ガレー船の数だけを記す。

ヴェネツィア共和国――五十隻。
ロードス島に本拠を置く聖ヨハネ騎士団――三隻。
フランス――四隻。
ローマ法王庁――十三隻。結成して二年しか過ぎていないのに、一隻も失わずにかえって一隻増やしていたことになる。

しかし、海軍は、船があるだけでは役に立たない。法王庁の十三隻を指揮することになったのは司教であるために法王庁の人間でもあるヤコポ・ペーザロだったが、このヴェネツィア出身の司教の兄はベネデット・ペーザロで、五十隻で参戦するヴェネツィア海軍の総司令官であった。これ一つ見ても、一五〇二年のキリスト教連合艦隊が、実質的にはヴェネツィア海軍であり、指揮権もヴェネツィアにあったことがわかる。

七月、中世を通してサンタ・マウラの名のほうで知られていたレウカスの島を囲む海に、キリスト教艦隊が姿を現わした。八月、戦闘が始まる。城塞にこもるトルコ兵は二千五百。そのうちの大部分が海賊だった。トルコとは無用に闘わないと決めてい

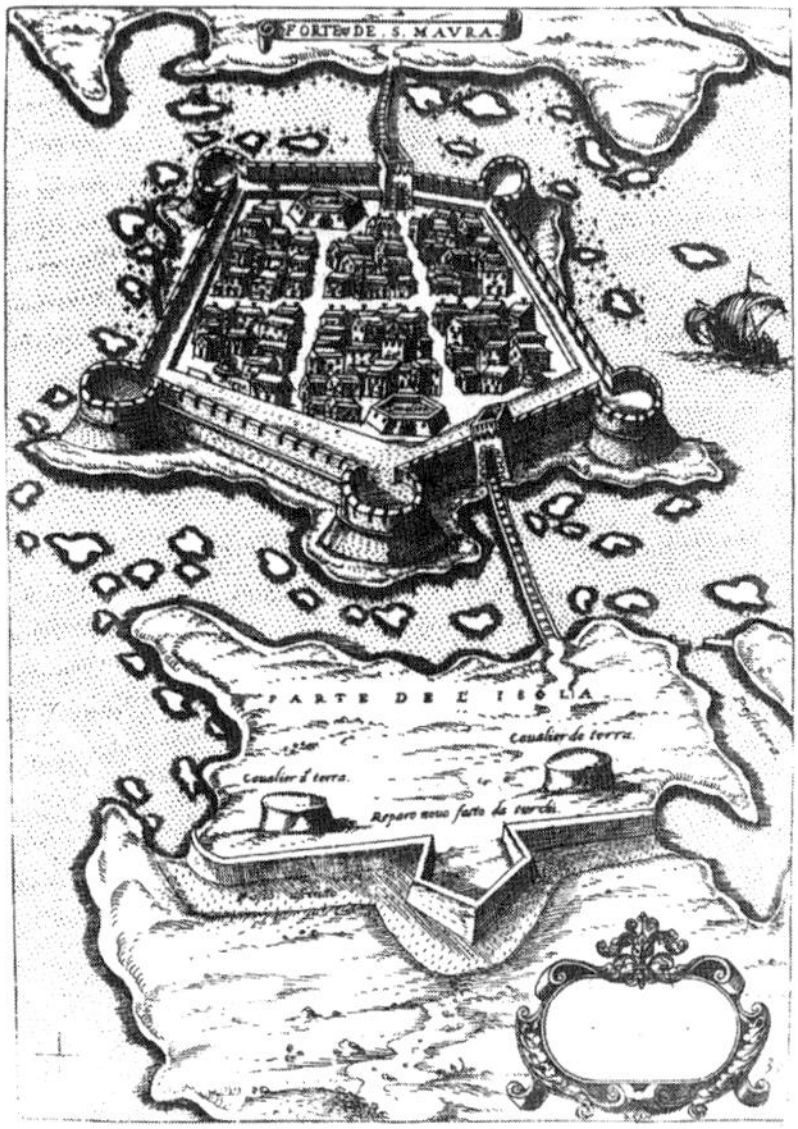

ヴェネツィアが建設したサンタ・マウラの城塞

たヴェネツィアだが、闘うとなると徹底している。戦闘開始から一ヵ月も過ぎない八月二十九日、城塞は陥落した。

六百を数えるイェニチェリ軍団の兵士が、捕虜になった。連合艦隊の総司令官でもあったベネデット・ペーザロは、このイェニチェリ兵には戦争捕虜の待遇を与えた。捕囚生活は耐えねばならないが、殺されはしないということだ。しかし、同時に捕虜になった海賊たちへは、犯罪人として対処した。城塞をめぐる胸間城壁から、海賊を一人ずつ吊《つ》り下げるという絞首刑《こうしゅけい》に処したのだった。そして、海賊船の漕ぎ手として使われていた、南伊やシチリアから拉致されていた男たちを解放したことは言うまでもない。

しかし、このレウカス奪回戦は、海賊の巣窟《そうくつ》をたたく闘いに、正規の海軍が出動しなければならない時代になったことを示していた。そして、トルコの正規軍とイスラムの海賊との共闘体制は、対トルコへの西欧側の対処を、ますます困難にしていくのである。

西地中海へ

海賊は、手強いと見た相手には手を出さない。ヴェネツィア共和国が五十隻から成る正規海軍を出動させるのも辞さないとわかってからは、仕事の場を移したのである。イオニア海からティレニア海へ。ただし彼らの職場は、フィレンツェやピサのあるトスカーナ地方やローマのあるラツィオ地方の沿岸一帯にかぎらなかった。

船団も大型化し人材も豊富になった北アフリカからの海賊は、ジェノヴァのあるリグーリア地方から南仏《なんふつ》まで、そして今やキリスト教で統一されたスペインにまで活動の舞台を広げてきたのだ。

もちろん、トルコの台頭以前にも、この西地中海域には海賊が横行していた。だが、西暦一五〇〇年を境にした「以前」と「以後」のちがいは、海賊船団の大型化と、大砲などの火器を多く積みこんだ装備の進歩と、海賊団を率いる頭目の能力の向上、の三つにあった。公的である国家、つまりトルコ、から公認されたことが、海賊をすることで得た利益の五分の一を上納しようとも非公的な立場では変わりはなかった海賊に、いかに有利に働いたかを実証している。

新時代を迎えたこの海賊に対するに、法王庁は海軍を創設し、ヴェネツィアは正規海軍を出動させるまでになったが、イスラム勢をイベリア半島から一掃したスペインも、放置することは許されなくなっていたのである。

これに気づいた海賊たちは、戦略を変えた。敵側に見つかりやすい大規模の船団を組んで乗り出すのではなく、少数の船だけの船団に分れての海賊行に切り換えたのだ。伸縮自在であることも、非正規軍ゆえの利点である。必要になれば分れて行動していた小規模海賊団も、必要となればただちに集結して大軍にできるのだから。

また、小型化した海賊船団では、船も小型が主流になる。「フスタ」と呼ばれる快速の小型ガレー船が、「海賊船」と同意語になった。

最初に音をあげたのは、イタリア半島の西岸一帯である。一五〇八年、多数の小型船団がリグーリア地方を襲った。ジェノヴァが難をのがれたのは、海洋国家ジェノヴァの主港である以上は守りが固いと見られたからだ。しかし、近辺の港町は軒並み、略奪と拉致と焼き打ちをまともに受ける。大砲の砲撃を浴びるのではなく、小銃の連射を浴びるのに似ていた。

翌一五〇九年、今度はローマ近くにまで迫られたのだ。法王庁海軍は、海軍の伝統のないところに急ごしらえされたものである。ゆえに警戒は、平時でも怠ってはならないということをまだ知らなかった。不意を突かれた法王庁海軍は、外港オスティアに停泊していた二隻のうちの一隻を、乗員もろとも海賊に奪い去られたのである。

しかもそれが、純軍用船ならば三隻しか所有していない法王庁海軍とはいえ、旗艦であったのだ。帆柱には、白い地の上に聖ペテロの鍵《かぎ》が金糸で刺繡《ししゆう》された法王旗がひるがえっている。これがチュニスの北にあるビゼルタの港に引航されてくるのを見た、イスラム教徒たちの熱狂はすさまじかった。反対に、法王旗をイスラム側に奪い去られたキリスト教徒たちの嘆きと怒りも、強く深かったのである。

スペインも国家規模で海賊に対処せざるをえなくなったのは、金銀を主とする新大陸の物産を満載した船がスペインの港に入るようになってからである。新大陸からの船は、ジブラルタル海峡を通って地中海に入り、そこから北上してスペインの地中海側の港に入港して荷を降ろす。モロッコやアルジェリアの港町を本拠にしている海賊にすれば、自分の家の外に出たところで待っていればよいのだから、これほど簡単なことはなかった。

もしもこの時期のスペインでも同時代のイタリア同様に保険が普及していたら、新大陸帰りの船にかけられる保険の率は相当な高率になったと思う。スペイン王が軍を派遣し、北アフリカの海賊の本拠地としてはチュニスと並んで最大であったアルジェに、一撃を与える必要を感じたのも当然であった。

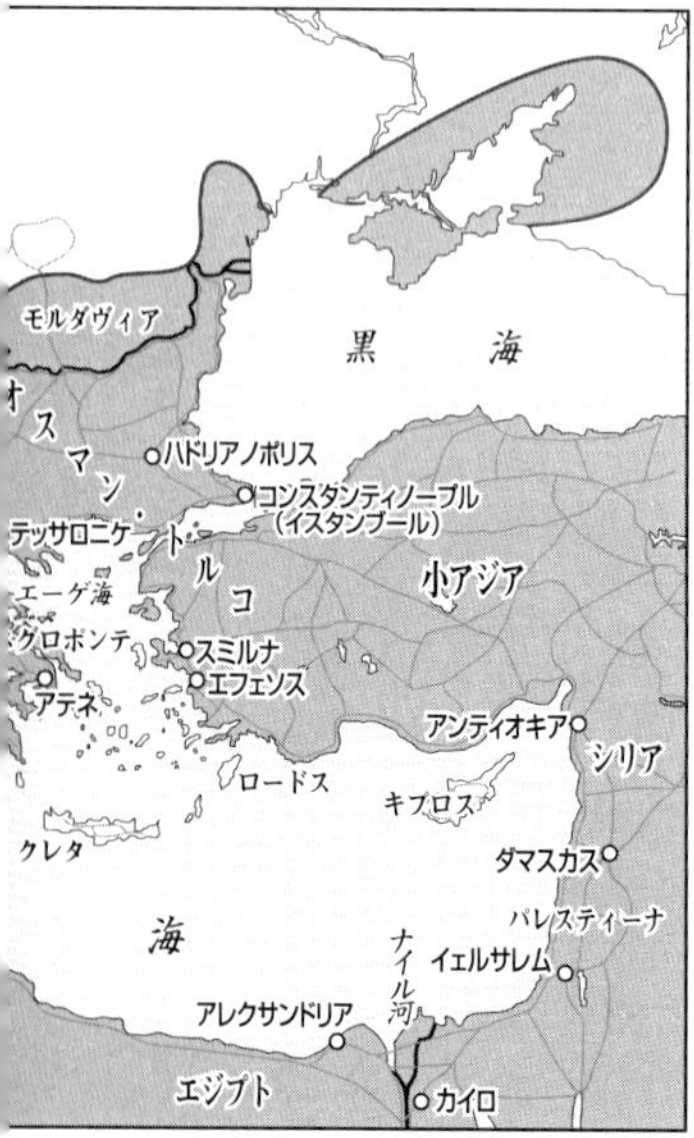

それを知ったアルジェの「首長《ベイ》」は、まずは敵の切っ先をかわす策に出る。スペイン王の宮廷があるバレンシアに特使を送り、アルジェリアとスペインの関係改善を申し出たのである。特使は、次の三項を〝みやげ〟に持ってきた。

一、拉致され奴隷にされている五十人のキリスト教徒を、

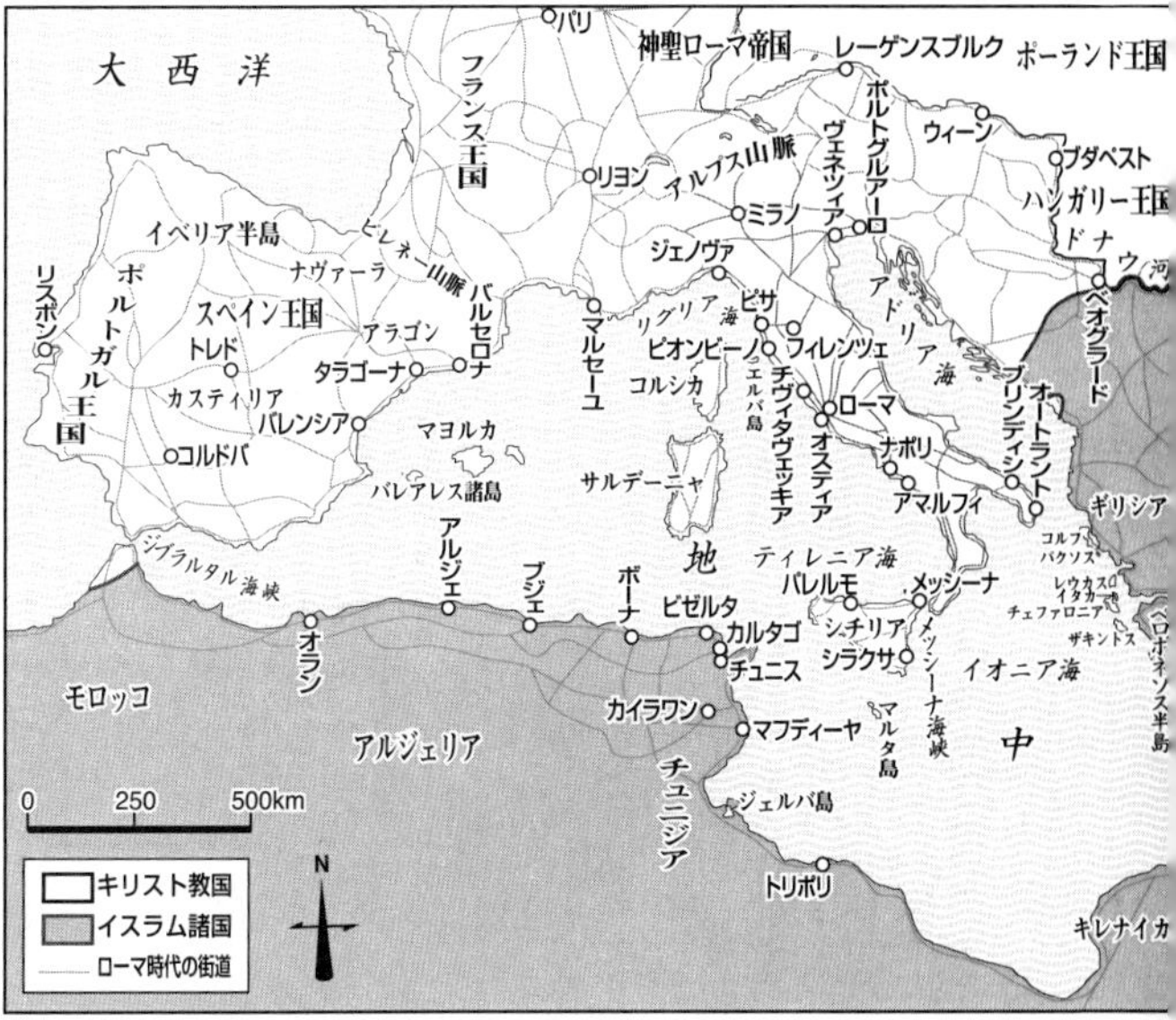

16世紀初頭の地中海世界

アルジェ側の関係改善への意志の証《あか》しとしてただちに送還する。

二、これからは毎年、スペイン王に年貢《ねんぐ》金《きん》を支払う。

三、アルジェリアの港から出航する船による海賊行為は、これからはいっさい許さないと誓う。

王自身がこの申し出にどう答えたかは不明だが、スペイン軍による北アフリカ遠征は、予定どおり実施された。一五〇九年、モロッコとアルジェリアの主要な港町は、スペイン軍の攻撃を浴びる。その中でもとくに、アルジェの港のすぐ北側に突き出ている岬を占拠したのは、軍事的には成功だった。

スペイン人は、この岬に城塞を建て、そこに五百の兵からなる一隊を常駐させたのである。城塞にすえられた大砲の砲口は、アルジェの港を出る船に向けられていた。そして、城塞に駐屯するスペイン兵には、海賊船と見るや撃沈せよ、の厳命が下されたのである。岬にそびえ立つこのスペインの城塞は、これ以後「アルジェの要塞《ペノン》」の名で知られるようになる。

この時期のスペイン王フェルディナンドの戦果はイタリアにも伝わり、海賊退治にも成果があがったように見えた。だが実際は、成果はさしてなかったのだ。港の北と南の両方を押さえたのならともかく、押さえるのが一方からだけでは、逃げ道はいくらもあった。それに、誰が、海賊船であることをわざわざアッピールしながら港から出て行くであろうか。結局、「エル・ペノン」は、スペイン王の自尊心を満足させただけであったのだ。

それになぜ、スペイン人たちは城塞を建てただけで満足したのかわからない。「エル・ペノン」の中だけで孤立して生きていたことを示す史料もないことから、城塞生活の間にはスペインの将兵たちも、アルジェの町に出かけることはあったのだろう。そして、当時のアルジェでは見慣れた風景であった、鎖の音を響かせて歩く、奴隷であることを示して頭髪もひげも剃《そ》られたキリスト教徒たちの群れも、見たのではないだろうか。だが、そのことを記した、記録も手紙も残っていないのである。自分たちはスペイン王の兵士であって、同じキリスト教徒ではあってもこの奴隷たちとは同じではない、とでも思っていたのであろうか。

しかし、この「アルジェの要塞」の存在は、アルジェの住民にとっては屈辱であった。ただしその屈辱感も、イスラム教徒となると、自分たちの領土の一角を敵に占領されているという想《おも》いからくるのではない。誤った信仰の持主ということで「不信の徒」と信じて疑わないこの人々の眼から見れば、キリスト教徒は誰であろうと、自分たちよりは下等な民なのである。実際、北アフリカに住むイスラム教徒の大半が知っているキリスト教徒といえば、眼の前を鎖につながれて引かれていく、ボロをまとった家畜のような惨《みじ》めな存在だった。

このような下等な民に、自分の家の一角を占領されていることが耐えがたかったのだ。宗教が介在しなければ、敵は単なる敵にすぎない。立場の上下も、力の弱い者が強い者に屈したにすぎない。だが、宗教が介在してくると、敵は敵でも単純な敵ではなくなる。十六世紀のスペイン人は、この種の微妙な関係を悪化させる種をまいてしまったのだ。海賊による被害の解消には、ほとんど効果がなかったにかかわらず。

海賊クルトゴル

十六世紀初頭というこの時期を体現する人物をイスラム側から選ぶとすれば、クルトゴルという名の海賊の頭目だろう。同業者の中では珍しく、この人物はトルコ民族の出身で、それゆえか時のスルタン・セリムに見出《みいだ》されることも早かった。この時期のチュニジアは、住民はイスラム教徒でも、トルコ支配下にはまだ入っていない。セリムは、トルコ帝国領とはまだ言えないこのチュニジアへの勢力拡大に、海賊クルトゴルを使うと決めたのである。

イスタンブールの宮廷に呼び出された海賊は、スルタンの前で、チュニジアに出向いてキリスト教徒相手の海賊業に専念すると誓った。スルタンはその彼に、先行投資とでもいう感じの豊富な資金を与える。

それを持ってクルトゴルはチュニスに行き、まず最初にチュニスの「首長《ベイ》」と会う。アブ・アブダラ・モハメドという名の「首長」は、イスラム教徒ではあったが北アフリカ原住のベルベル人でもあったので、トルコのスルタンが推薦してきたとはいえ喜んで迎えたわけではなかった。それにこのチュニスの首長は、当時はジェノヴァ共和国とは良好な関係にあり、ジェノヴァ商人による北アフリカとの交易からあがる利益の一部で、彼のふところは充分にうるおっていたのである。

トルコの支配に屈したくないという想いと経済上の利益の両方で、「首長」は海賊に、なかなか満足いく答えを与えない。クルトゴルが襲撃するというキリスト教世界には、彼のふところをうるおわせていたジェノヴァも入るからである。これを見たクルトゴルは、別の道を行くことにした。

海賊業の本拠地に、チュニスの港ではなく、そのチュニスからは直線距離にして六十キロ北にある、ビゼルタの港を使う許可を求めたのである。同時に、海賊業で得た収益の五分の一を、「首長《ベイ》」に上納するとも約束した。そしてさらに、ジェノヴァが抗議してきたら、海賊たちは私的な組織であって自分の管理下にはないと言って、知らぬ顔で通せばよい、とまで忠告したのである。チュニスの「首長《ベイ》」は、ここで初めて首を縦に振った。

「ビゼルタ」（現 Bizerte）は、カルタゴ時代もローマの支配下に入って以後も海港であったところなので、地中海に面する北アフリカの港町の中でも古代から知られた港である。とくに、古代では高貴な色とされていた紫色を採る貝の産地として知られていた。それが中世に入って以後はさびれたのは、皇帝の色であった紫色が、キリスト教下では喪の色にされたからである。また、カルタゴに代わる港になったチュニスとの間の距離が近く、ために海を行く人々の眼からは死角になっていたのかもしれなかった。しかし、クルトゴルが眼をつけただけあって、奥行きのある深い湾は風から守られており、そのうえ多くの船を隠しておける広さもあった。

このビゼルタに腰をすえたクルトゴルは、船と船乗りと戦闘要員、つまり海賊、を集める仕事にとりかかる。スルタン・セリムから与えられた資金はよほど豊富だったとみえ、三十隻の「フスタ」と六千人の乗員を集めるのにさしたる日々を要しなかった。乗員の半ばは漕ぎ手だが、トルコの海賊はこれも自給自足したのである。チュニスにある「浴場」に収容されているキリスト教徒の奴隷《どれい》たちを使うのには「首長」の許可が必要だが、海に出てサルデーニャやシチリアに上陸して拉致《らち》してくるならば、その必要はなかったからである。

このクルトゴルの仕事始めは、一五〇八年にリグーリア地方一帯を荒らした略奪行だった。ジェノヴァ政府はチュニスの「首長」に厳重抗議したが、「首長」はクルトゴルの忠告どおり、知らぬ存ぜぬで通したらしい。

翌一五〇九年にローマの外港オスティアを急襲し、法王庁海軍の旗艦を乗員もろとも奪い去ったのも、クルトゴルの仕業だった。その後も、クルトゴルとその配下の活動は、増えこそすれ減ることはなかった。海洋国家と自他ともに認めていたジェノヴァの海軍とコルシカ沖で対戦し、ジェノヴァの一隻を乗員ともども捕獲し、ビゼルタに引航したこともある。ジェノヴァがこれでは、イタリア半島の西岸一帯は、北から南までシステマティックと言ってよいくらいの被害を受けつづけたのも当然だった。

このようにティレニア海ではわがもの顔にふるまっていたクルトゴルだが、イオニア海側は荒らしていない。ましてや、この時代、「ヴェネツィアの湾」と呼ばれていたアドリア海には、踏み入ることすらしなかった。この時期はトルコとヴェネツィア共和国は友好通商条約を交わしており、キリスト教諸国では最大で最強の海軍をもつヴェネツィアを刺激し敵対関係にもちこむことは、クルトゴルには主君になる、トルコのスルタンの意に反したからである。そしてヴェネツィアも、国益にそわないことには眼をつぶるという、「国家のエゴイズム」には無縁ではなかった。

結局、クルトゴルの前に立ちふさがったのは、ローマの法王庁とジェノヴァ共和国であったのだ。この二国だけが戦力と言える数の軍船を所有していたからというより、この時機のこの二国に、海賊の暴行は許さないと決めた、気の強い男がいたからであった。

法王メディチ

この時期のローマ法王の座には、メディチ家出身のレオーネ十世が就いていた。フィレンツェの地で花開いたルネサンス文化の真のスポンサーであり、「素晴らしき人」を意味する「イル・マニーフィコ」の尊称づきで呼ばれたロレンツォの次男に生れた人で、聖職界に身を置いてはいてもチャキチャキのルネサンス人であったことでは、この時代のイタリア人そのものであった人である。この人の住む法王宮には同時期、レオナルド・ダ・ヴィンチが住みミケランジェロとラファエッロが仕事に通っていたことがある。

ちなみに、一五一五年という年を規準にすれば、レオナルドは六十三歳。ミケランジェロは四十歳。ラファエッロは三十二歳だった。つまりレオーネ十世とは、キリスト教会の最高位に就いても現世的な世界に住みつづけた人であったのだ。ルネサンス時代の評伝作家パオロ・ジョーヴィオは、このレオーネ十世について、次のように書いている。

――法王レオーネは、トルコ帝国とその意を体する海賊に勝つためには、祈りや説教に頼るのは重大な誤りであると考えていた。もしも彼らのもたらす恐怖と不安から自由になりたいと願うならば、われわれも武装し、その軍事力を戦略的に活用するしかないと考えたのである――

その年四十歳だったレオーネ十世は、考えるだけでなく実行に移す。旗艦を奪われて瓦解《がかい》寸前だった、法王庁海軍を再建したのである。と言っても、軍用ガレー船三隻《せき》に輸送用の帆船四隻の、合わせても七隻の海軍でしかなく、これではとうていクルトゴルの敵ではなかった。

なぜなら、その年の春に法王庁国家の主港であるチヴィタヴェッキアの沖に姿を現

法王レオーネ十世

わしたクルトゴルの海賊船団は、人々を恐怖の底にたたきこんだだけでエルバ島に向って立ち去ったにせよ、ガレー船四隻と「フスタ」二十三隻からなる二十七隻もの船団であったからだ。

　法王のいとこでもあるジュリオ・デ・メディチ枢機《すうき》卿《けい》は、フランス王の宮廷に駐在する法王庁の大使にあてた手紙で、このことを述べた後に次のようにつけ加えている。

「この報告を受けたときの法王は、大変に落胆されていたようであった」

気落ちするのも当り前だ。こちらは三隻なのに、相手は二十七隻なのだから。

　帆船は、大型であれば防衛力にはなるが、攻撃力までは期待できない。敵味方とも離れたところから大砲を撃ち合うトラファルガーの海戦は三百年も後の話であって、十六世紀の地中海を舞台にした海戦では、櫂《かい》を使って接近戦に持ちこみ、敵船に乗り移っての白兵戦で勝負が決するのだった。

この型の海戦では、帆に頼るしかない帆船は戦力に数えることはできない。帆船では進むも退くも風《ひ》しだいになるからで、風は、戦術どおりに吹いてくれるとはかぎらないからである。

それで、海上の戦力は、今ならばモーターの働きをする櫂までそなえ、帆も櫂も目的に応じて使い分けることのできる、ガレー船にならざるをえなかったのだ。

戦闘ともなるとガレー船でも帆を降ろし、櫂だけで進む。人間が漕ぐのだから、人間が考えた戦術どおりに動かすことができるからだ。ゆえに海上での戦力は、ガレー船の数で計るのが通例になっていた。イスラム側の海賊が活用したことで有名になる「フスタ」も、ヴェネツィアやジェノヴァのガレー船に比べれば小型だが、帆と櫂をともにそなえているからにはガレー船である。だから、立派に戦力であったのだ。

ちなみに、ヴェネツィアやジェノヴァのガレー船には長さ四十メートル級の船が多かった理由は、これらイタリアの海洋都市国家は通商国家であり、ゆえに商品を積む必要があったからである。

とはいえ、二百人もの漕ぎ手を使うのだから、当然ながら人件費は高くなる。ヴェネツィアはとくにだがジェノヴァでも、漕ぎ手には鎖つきの奴隷は使わなかった。異教徒の土地を襲って住民を拉致してくる習慣がなかったので、使いたいと思っても使えなかったのだ。同時代のスペイン船ではしばしば、異端裁判で裁かれた罪人を使っている。しかし、この種の宗教的な熱狂には常に醒《さ》めていたイタリアでは、この種の罪人を集めたとしても、小型のガレー船一隻を動かせる数にも達しない。それで、早くからアドリア海東岸の人々を漕ぎ手として雇いつづけるというシステムを確立していたヴェネツィア共和国はもちろんのこと、人口の少ないジェノヴァ共和国でも、漕ぎ手はあくまでも自由民で、ゆえに給料を払われる職業人だった。

この、「人的モーター」をそなえることによる航海費用の高騰《こうとう》を、ヴェネツィア政府は、ガレー船には単価の高い商品しか積めないと決めることで解決する。単価の高い商品といえば当時では胡椒《こしょう》を始めとする香辛料だが、その市場を事実上独占していたヴェネツィアだからできたことであった。

同じイタリアの海洋国家同士であっても、ジェノヴァにはそれができなかった。なぜなら、コンスタンティノープルの陥落以後、東方との交易からは後退を余儀なくされていたジェノヴァには、単価の高い商品を商うこと自体がむずかしくなっていたのである。と言って人口は、少ないヴェネツィアと比べてもなお少ない。このジェノヴァが、漕ぎ手に使う人件費ならばゼロの帆船に切り換えていくのも当然であったのだ。もともと港内の海深度も、広い潟《ラグーナ》の内側に建設されたヴェネツィアとちがって、背後まで山が迫るジェノヴァでは深いのだ。吃水《きっすい》の浅いガレー船よりも、水面下の深い帆船が向いていたのである。

これに加えて、国家への帰属意識のちがいもあった。

ヴェネツィアの大型商用ガレー船は船団を組んで航海に出るが、その船団には軍用ガレー船の護衛をつけて送り出すのも常になっている。経済力の維持には国家も協力を惜しまないという国家意志の表明だが、その代わり、国が必要とするときは経済人も協力しなければならないと決まっていた。大量の胡椒を満載して帰国の途についていた船でも、近くの海域で戦争発生となるや、船荷は近くの基地の倉庫に収容してもらい、船乗りともども駆けつけて海軍司令官の指揮下に入ることが義務づけられていたのである。こうしてヴェネツィアでは、商船も軍船に一変する。不幸にして沈没でもすれば、倉庫に残されていた船荷は、国家が責任をもって本国まで運び、持主に返還されるのも法律で決まっていた。

ジェノヴァではこうはいかない。四つの有力家門が常に二派に分れて争っていたジェノヴァ共和国では、覇権争いに敗れた派に属す人々は、政府の命令になどは絶対に服さなかったからである。挙国一致のヴェネツィアに対して個人主義的な性向の強かったのがジェノヴァ人の特質だが、そのジェノヴァだからこそ、コロンブスを生んだのではないかとさえ思う。

このイタリア海洋国家と地中海で張り合うことになった北アフリカのイスラム海賊船だが、トルコのスルタンの後援を受けていながら、彼らの船の主力が、大型ガレー船ではなく小型の「フスタ」になったのには、いくつかの理由があった。

造船技術が、劣っていたのではない。キリスト教諸国の船を襲って捕えた人の中に技術屋がいれば協力を強制したから、造船の技術では、イタリア海洋国家並みではなくても、それに近い水準にまでは、イスラムの造船技術も進歩していたのである。資金が、不足していたのではない。海賊を非正規軍と思っているスルタンは、援助を惜しまなかった。

真の理由は、次の二つにあった。

第一に、商船ではないから、荷を多く積めば積むほど一荷あたりの運送費が安くなる、という経済上の常識から自由だから、大型船にする必要もない。

第二は、漕《こ》ぎ手にキリスト教徒の奴隷を使う彼らのやり方にあった。

いかに鎖につないで漕がせるとしても、大型ガレー船では、漕ぎ手であるキリスト教徒の数は二百人を越える。それに対して、武装はしていても、イスラム教徒の乗員の数は五十人どまり。これでキリスト教徒の船を攻めるのだが、攻撃中も海賊たちは、いつ背後から鎖を解いたキリスト教徒の漕ぎ手たちに襲われるかもしれないという、恐怖を忘れることができなかったのである。

それが小型ガレー船の「フスタ」なら、漕ぎ手の数は半分に減る。二百人の与える圧迫感と百人のそれとのちがいは、いかに勇猛な海賊でもやはりあったのだ。イタリアの船ならば接近戦になるや漕ぎ手も戦士に一変するが、海賊船ではそれは起らない。ヴェネツィアのガレー船にはこの面でも大型化の利点はあったが、イスラムの海賊船にはそれがなかった。

海賊も有名な頭目ともなれば威信誇示と虚栄心の両方で、派手に飾り立てた大型ガレー船を旗艦にする者はいた。だが、彼らでも、実際の海賊行に使うのは「フスタ」

だった。「フスタ」と言えば、だから、「海賊船」のことであったのだ。

「神聖同盟」

話を同時代のローマの法王庁にもどすが、十六世紀初頭というこの時期にローマ法王の座にあったのが、メディチ家出身のレオーネ十世である。この人物は、四十歳でまだ若かった、という理由だけでなく、「イル・マニーフィコ」の敬称づきで有名なロレンツォ・デ・メディチを父にもち、三人の兄弟の中では、学芸の助成に熱心だっただけでなく、政治的にも冷徹で大胆だった父の血を誰よりも受け継いでいると言われた男だった。法王庁海軍と海賊クルトゴルの戦力の、三対二十七という大差を告げられて一時的には気落ちしたが、すぐにも気を持ち直したのである。トルコのスルタンの後援を受けているイスラムの海賊に対抗するには、キリスト教側も共闘するしかない、との考えに達したからで、これが「神聖同盟」の発足につながった。

法王レオーネがまず呼びかけたのは、ジェノヴァ共和国である。ジェノヴァも前の年に、クルトゴルに、乗員もろとも船を奪われている。自国の船がビゼルタの港につながれ、自国の船乗りたちが「浴場」に収容されているという想いは、ジェノヴァの海の男たちから安眠を奪っていたのだ。旗艦を奪われた法王庁とは、この想いでも共通していた。法王の呼びかけにも、もちろん快諾で応《こた》えてくる。

法王は同時に、フランス王のフランソワ一世にも共闘を呼びかけていた。当時のフランスは、イスラムの海賊による被害をとくに受けていた、というわけではない。文化人の法王にしてみれば、文化好きなフランソワ一世は、ヨーロッパの王の中でも御しやすい一人であったからだ。このフランス王との重要な会談の席に、法王レオーネは、レオナルドとミケランジェロとラファエッロの三人を連れて行ったことがある。この三人を紹介されたフランス王は、若かったこともあってまるで大スターに会った一ファンのように興奮してしまい、おかげで会談のほうもレオーネに有利な方向で結着したという前例もあった。フランソワ一世の熱心な招きに応じてレオナルド・ダ・ヴィンチはフランスに移住するが、それもこの「神聖同盟」の一、二年後のことである。

ヴェネツィア共和国もスルタン・マホメッド二世の要望に応えて、自国の画家ベッリーニをトルコに派遣したことがあった。ルネサンス時代では、文化を外交に活用するのは、ローマの法王庁とて変わりはなかったのである。だが、何であろうと需要があったから、供給する側、つまり芸術家たち、も力いっぱいの仕事ができたとも言えた。

予想したとおり、フランソワ一世からは、ガレー船六隻を参戦させるとの答えが返ってきた。だがこれが、フランス王を引きこむことはスペイン王の不参加につながるという、対イスラムの共同戦線結成にははなはだ不利な前例をつくることにもなってしまうのである。

十六世紀のヨーロッパを特色づけるのはフランスとスペインという二大強国の間でくり広げられた覇権争いだが、その主人公の二人が、フランス王のフランソワとスペイン王のカルロスである。フランソワもカルロスも、一五一五年という年を規準にすれば、二十一歳と十六歳。しかも、ほぼ同時期に、この若さで王位に就いている。そしてこの二人とも長生きするので、十六世紀の前半にわたって、この二人が強国の王でありつづけたことになる。この両者の間でくり広げられるパワーゲームが、全ヨーロッパを巻きこみ、イスラム勢の攻勢に対するキリスト教世界の対抗を弱めることになるのである。

法王レオーネが、スペイン王にも参加を呼びかけたのかどうかはわかっていない。だがその年のスペインは王位の代わり目にあったので、しかもまもなく王位に就くカルロスは十六歳でしかなく、現実的なレオーネ十世は初めから、誘わなかったのかもしれない。いずれにせよ、この一五一六年が、フランスが参戦すればスペインは不参加、スペインが参戦すればフランスが不参加、という状態の始まりの年になったのだった。

また、法王レオーネは、ヴェネツィア共和国に対しては、参戦の要請さえも送らなかったにちがいない。トルコとヴェネツィアの間に結ばれていた友好通商条約は、この時期はまだ継続していた。そしてヴェネツィアは、自国の利害に直接に関係しないかぎりは戦いには入らない国でもあった。

いずれにせよ、法王レオーネの呼びかけに応じてきたのは、フランスとジェノヴァだけであったことになる。法王庁の三隻を加えて、ガレー船の総計は十九隻。数ならば「フスタ」を合わせて二十七隻以上の戦力を誇る海賊船団に劣るが、キリスト教側にはアンドレア・ドーリアがいた。

アンドレア・ドーリア

アンドレア・ドーリアはこの時期は五十歳に達していたが、この人は実年齢より二十歳は若く考える必要がある。ジェノヴァきっての名門に生れながら遅咲きで、五十歳になってようやくテイクオフしたという印象が強い。一五一六年に結成され「神聖同盟」の名で歴史に残るこのときの戦闘が、この人にとっては、以後の輝かしいキャリアの第一歩になった。

キリスト教側には、気の強い男がもう一人いた。レオーネ十世によって法王庁艦隊の司令官に任命されていた、パオロ・ヴェットーリである。マキアヴェッリの親友であったために歴史に名が残ることになるフランチェスコ・ヴェットーリの兄だと思うが、もしもそうならば四十代。いかなる偏見にもとらわれずに自由で大胆にふるまう気質では、この人もまた、当時の典型的なフィレンツェ人であった。

一五一六年の七月、チヴィタヴェッキアに集結した「神聖同盟」の全船は、海賊クルトゴルを求めてティレニア海に乗り出した。エルバ、サルデーニャ、コルシカと島々を探してまわったのだが、海賊船は姿形もない。季節は夏。海賊が仕事を終えて本拠地に引き揚げる季節ではなかった。とはいえ、いないことは確かなので、司令官たちを集めて会議が開かれる。キリスト教艦隊の出動を知ったクルトゴルは、海戦になるのを嫌い、本拠地のビゼルタに引き揚げたにちがいない、ということでは全員が一致した。

しかし、次の行動をめぐっては意見が分れたのである。ビゼルタへの攻撃を主張したのはジェノヴァと法王庁だったが、フランスはどうやらちがう意見だったようだ。なぜならこれ以後は、ジェノヴァと法王庁だけで行動するからである。

海賊を求めて探しまわっていたときは純戦力であるガレー船だけで行動していたが、北アフリカに向うとなると輸送船団の同行が欠かせない。だが、七月も終わりに近づいていた。全船の集結を待つ時間まではない。チヴィタヴェッキア港で待つ帆船団には後続を命じておいて、ガレー船だけで南下を強行する。海賊の裏をかくには、彼ら以上の速攻で行くしかなかった。

案の定、クルトゴルと配下の海賊全員は、ビゼルタにもどっていた。偵察に出した小型快速船の報告では、湾内には海賊船団すべてが停泊しているという。また、その年内の海賊行はなしとでもいうかのように、港の入口は頑丈な鉄鎖で封鎖されているということだった。

これでもビゼルタ攻撃の意志は変わらなかったのだが、ジェノヴァ側は法王庁側に、一つの要望を示した。ジェノヴァ共和国はチュニスの「首長《ベイ》」との間に友好通商条約を結んでいるので、攻撃に参加するジェノヴァ船の帆柱には、ジェノヴァ共和国旗でなく法王旗をかかげさせてほしい、という要望である。パオロ・ヴェットーリも、通商国家フィレンツェの人間である。経済関係も維持するうえでの配慮の必要性はわかっていた。

八月四日の夜明けを合図に、大型帆船の突撃によって鉄鎖が断ち切られた後の湾内に突入した船のすべては、帆柱高く法王旗をひるがえしていた。停泊中の海賊船は、次々と火を放たれて炎上する。クルトゴルは手下を陸に揚げていたので、海賊船は無防備も同様であったのだ。

船という船を炎上させてからは、戦場は陸地に移った。奴隷を使わないのが普通のキリスト教側の船では、漕ぎ手でも海兵に一変する。「浴場」からキリスト教徒の奴隷たちを解放した後も、焼き打ちは終わらなかった。それだけでなく、略奪もした。だが、海賊の多くは殺しても、クルトゴルだけは見つからない。陸伝いに逃げていたのだが、このときの「神聖同盟」軍には、陸地深く攻め入るには陸上戦力が足りなかった。

それに、目的はまだ一つ残っていたのだ。ジェノヴァの入手した情報では、前年に捕獲されビゼルタに引航されていたジェノヴァ船は、なぜかチュニス港に移されているというのである。ジェノヴァ人にしてみれば、チュニスの港内につながれているという友船と乗組員を取りもどさなければ、攻めにきたことにならないのだった。

ただし、チュニスの港に攻め入るのは、イスラムの「首長《ベイ》」と結んだ条約に反する。ビゼルタのように、海賊の巣窟《そうくつ》だからという言いわけは通用しない。それで司令官のドーリア自らが、彼の考えた隠密《おんみつ》行動の指揮もとることになった。

三隻の小舟に分乗したジェノヴァの海の男たちが、夜半遅くチュニスの港内に潜入した。そして密《ひそ》かに、今では漕ぎ手にされている同胞たちが鎖につながれた姿で眠っている船に忍びこんだのである。見張りについていた海賊たちは、声をあげるまもなく殺された。そして三隻の小舟は大船をロープで結び、静かに港外に引航し始めたのである。それはあまりにも素早くしかも静かに行われたので、眠りこんでいた漕ぎ手たちが自分が自由になったのに気づいたときは、すでに港外で待っていた友船に囲まれていた。アンドレア・ドーリアの、大胆と狡猾《こうかつ》の勝利であった。

この後もキリスト教海軍は、チュニジアの海岸一帯を荒らしまわり、「浴場」に捕われていたキリスト教徒の奴隷たちを自由にしただけでなく、イスラム教徒であるというだけで住民を殺し、彼らの持物を奪い、イスラム船を三隻も奪った末に、ようやく八月末になって帰途についたのである。「神聖同盟」とは銘打ってはいても、人質にされていた不幸な人々の解放を除けば、キリスト教徒もイスラムの海賊と変わらない蛮行をしたのである。だが、海賊と同じようにふるまえばふるまうほど対海賊との戦いで有利に立てるというのも、残念ではあるが真実でもあったのだった。

外交では、右手で殴っておいて左手を差し出す、というようなことをよくやる。手を差し出すくらいならば殴らなくてもよかったではないか、と言う人は、善意の人であることは認めるが、外交とは何かはわかっていない、と言うしかない。もちろん、殴らないで済めばそれに越したことはない。だが、殴られて初めてOKする、という例が多いのも事実であった。

この時代の人であったマキアヴェッリは、憎悪《ぞうお》されても軽蔑《けいべつ》だけはされてはならない、と書いた。また、政治では愛されるよりも怖《おそ》れられるほうを選ぶべきだ、とも書いている。なぜなら人間は、自分を愛してくれる人は簡単に捨てるのに、怖れている相手からは容易には離れられないからである、と言うのだ。個人の間の問題ではなく国と国の間の問題をあつかう外交では、軽視されたり軽蔑されたりすることは実害をもたらすことにつながるゆえに、絶対に避けねばならない最重要事なのであった。

一五一六年当時のジェノヴァ共和国も、このように行動したのである。チュニジアの海岸一帯で海賊並みの蛮行を働いた後で帰還した直後に、この一帯の行政上の責任者であるチュニスの「首長《ベイ》」に使節を送り、次のように言明させたのだった。

「チュニスの港にジェノヴァ船がつながれていた事実は、それを奪って北アフリカに引航した海賊クルトゴルの行動を、チュニス当局も認めていたということを示している。

もしも、今後ともジェノヴァとの通商関係をつづけたいと思うならば、また二度とチュニジアの地中海側が荒らされたくないと思うならば、あなたの統治する全地方から海賊を追放すると確約すべきである」

「首長《ベイ》」アブダラは、海賊を厚遇したことなどはないと言いつづけたが、結局は次のことは約束するしかなかった。第一に、ジェノヴァの船は襲わないこと。第二には、ジェノヴァ共和国の領土であるリグーリアの海岸地方は襲撃しないこと。この二つをクルトゴルに伝えるとは約束したのである。

だが、チュニジアのすべての港からの海賊追放までは、言を左右にして答えを与えなかった。「首長《ベイ》」も、クルトゴルがスルタンの後援を受けていることは知っていたからだ。とはいえジェノヴァ政府も、チュニスの「首長」の約束を信じていたのではない。ジェノヴァ海軍の帰国の直後から、リグーリア一帯ではすさまじい数の監視塔、「サラセンの塔」の建設が始まった。以前にあったものも補強される（第1巻巻末参照）。言質《げんち》を取る一方で、防衛も忘れていなかったという証しであった。

それにしても、まったく同じ時代、同じヨーロッパ人でありながら、北アフリカの海賊への対処法がかくもちがうのには興味がそそられる。

まず、ジェノヴァ共和国の対処法は、ここまでに述べたとおりである。それで、このジェノヴァと並んでイタリア海洋国家のもう一方の雄であったヴェネツィア共和国だが、こちらのほうは、殴らないが軽視も許さない、という対処法を選びたい国にとっては、見本になるかもしれない。

商船団でも護衛艦づきで送り出していたヴェネツィアは、手を出そうものなら許さない、という方針で一貫していた。また、襲ってきた海賊を捕えた場合でも、ジェノヴァのように本国まで連行して牢《ろう》に入れることはせず、即座に帆桁《ほげた》からつるすというやり方で、その場で死刑に処した。海賊は、戦争捕虜ではなくて単なる犯罪者、と考えていたからである。結果として、ヴェネツィア船への海賊の襲撃は少なく、「浴場」で苦しむキリスト教徒の中でのヴェネツィア人の比率も、ゼロと言ってよいくらいで留まっていた。

海賊への対処法の第三は、当時のスペイン王国のやり方だろう。チュニスと並んで北アフリカの海賊の二大根拠地であったアルジェの港のすぐ近くに「エル・ペノン」の名で知られた城塞《じょうさい》を築き、そこに大砲をそなえつけただけで満足してしまい、その後のことは知らない、とでもいう感じがスペイン式である。スペインの支配者たちにとっては、実際上の成果よりも大国としての威信を守ることのほうが重要であったのかもしれない。その結果ならば、海賊船はアルジェの港への出入りをくり返し、アルジェの町中には鎖の音をひびかせて引かれて行く、拉致されてきたスペイン人の姿が絶えなかったことであった。

一方、クルトゴルはどうしていたのか。自粛を装《よそお》わねばならなかった「首長」とはちがって、公的な地位のない彼にはその義務はない。だが、ジェノヴァ領は襲わないという、「首長」がジェノヴァにした約束は尊重することにしたようである。次の年も本拠地のビゼルタの港を後にしての海賊行には出かけたが、ジェノヴァのあるリグーリア地方には船首を向けなかった。

と言っても海賊クルトゴルは、チュニスの「首長」の顔を立てるためだけで、ジェノヴァ領への海賊行をあきらめたのではなかった。

ジェノヴァ政府の努力もあって急速に鉄壁化されたリグーリアの沿岸地方の守りは固く、海に面した崖《がけ》という崖には、住民がいまだに「トッレ・サラチェーノ」（サラセンの塔）と呼んでいる海賊船監視用の塔が立ち並んでいた。海から眺めると、崖と

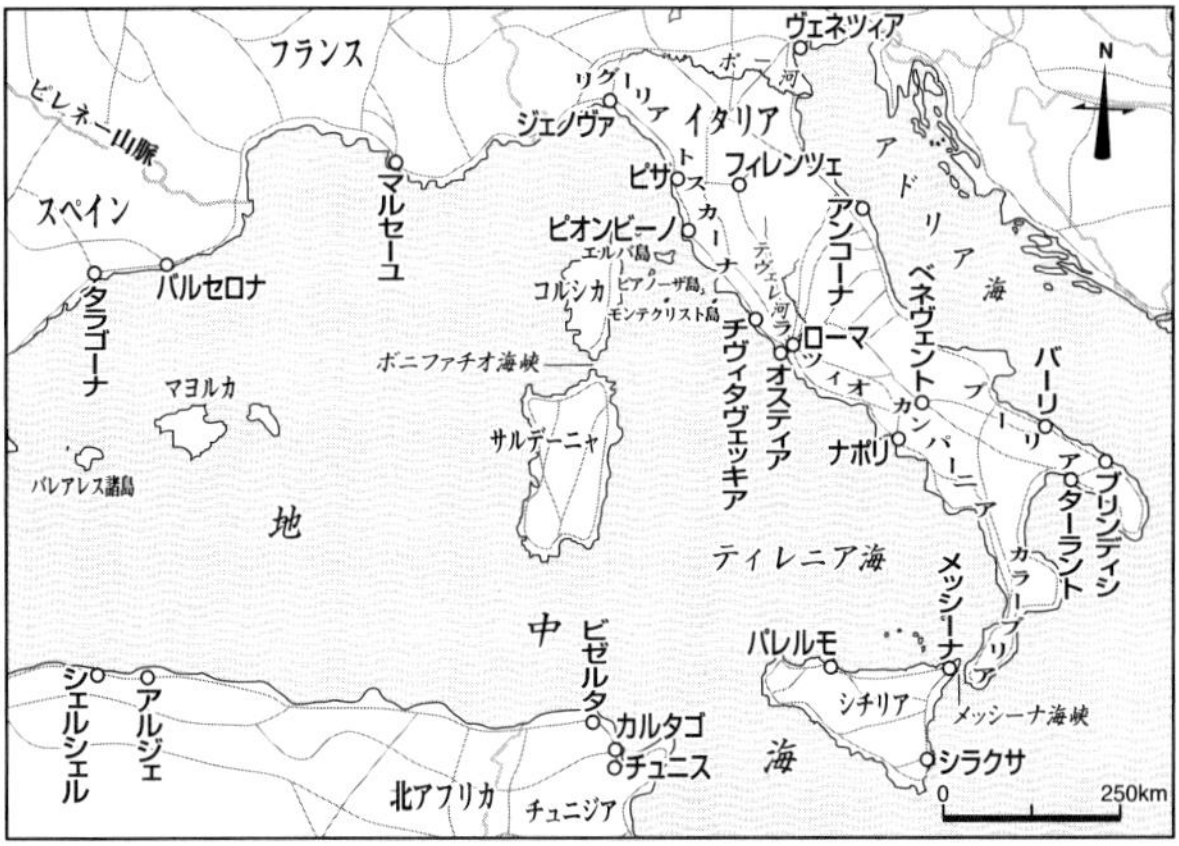

西地中海とその周辺

その上に立つ塔《トッレ》と、そしてこの一帯に多い磯浜《いそはま》が一体になった防壁が、延々とつづいているようなものである。そのうえ、ジェノヴァの港には、アンドレア・ドーリア率いるジェノヴァの軍船が、いつ何どきでも出港可能な状態で待機している。このジェノヴァに攻撃をかけることは、玉砕しか意味しない。玉砕ほど、海賊にとっては関心のないこともないのだった。

おかげで、その年のクルトゴルの標的にされたのは、トスカーナとラツィオの両地方である。そしてこの地方に的をしぼるのは、クルトゴルにとっては特別な理由があった。

トスカーナは、法王レオーネの実家であるメディチ家が統治する地方であり、ラツィオは、法王レオーネの住むローマがある地方だ。前年のビゼルタ攻撃が法王旗をかかげて行われたことで、本拠地を荒らされたクルトゴルには、この法王に対しては何かをしないではすまない気持であったのかもしれない。

その想いを現職のローマ法王を拉致することで果そうとしたのだから、海賊クルトゴルも豪胆な男ではあった。

誰から、ということはわかっていないが、クルトゴルは、法王レオーネが、トスカーナとラツィオの境に広がるマレンマの平原に来ていることを知った。この平原はそのまま、砂浜となってティレニア海に達する。海賊《コルサロ》は、部下たちを乗せた十二隻のフスタを率いて接近し、夜半をまわったところで全員とともに上陸した。新月であったのか、暗闇《くらやみ》の中での上陸は支障なく終わった。

最初の誤算は、レオーネが宿泊していたこの地方の貴族の城塞への襲撃を、夜明けまで待ってしまったことである。

第二の誤算は、法王レオーネが、若い頃から狩好きであったのが幸いして、肥えた身体《からだ》にもかかわらず馬を駆るのが巧みであったことだった。

そして、決定的な誤算は、広い平原の中に建つ城塞というのに、完全な包囲態勢を布《し》くのを怠ったことである。

夜明けとともに城塞の外が騒がしくなったのを、海賊の襲撃とただちに気づいたレオーネは、引かれてきた馬にとび乗り、一目散にローマへと逃げた。ローマの北の城門が見えたときはまだ正午にはよほど間があったというから、ものすごい速度で山野を駆け抜けたことになる。

しかし、海賊集団に立ち向った友人たちや従者たちを捨て置いて逃げたことになるが、これが、キリスト教世界全体を前例のない恥辱から救うことになったのだった。

もしも現役のローマ法王が生きたまま捕えられ、鎖つきでトルコの首都コンスタンティノープルに連行され、スルタンの前にひざを屈するような事態になっていたとしたら、その後のキリスト教世界はイスラムに対し、回復不可能なくらいの精神的な劣勢に陥っていただろう。

忘れてはならないのは、同じ一神教同士であるイスラム教とキリスト教のちがいは、それぞれの信仰の対象のちがいにはなく、信仰のしかたが正しいか誤っているか、にあったということだ。イスラム教徒にすればキリスト教徒は、唯一神《ゆいいっしん》への信仰を深める途次で誤った道に入ってしまった人々であり、それゆえに不信仰の徒であり、人間ではなくてイヌ、なのである。このイスラム教徒の中を鎖つきで連行されるローマ法王の姿くらい、キリスト教徒が「イヌ」であることを示す標本もなかったであろう。キリスト教世界での精神上の最高指導者であるローマ法王を拉致することを試みたクルトゴルは、この時代の空気の中では充分に賞讃《しょうさん》に値するイスラム教徒なのであった。

失敗には終わったが、ローマ法王拉致のニュースはヨーロッパ中を駆けめぐった。十二隻の敵船の接近に気づかず上陸まで許してしまった不祥事の第一の責任者は、この近海を守るのが任務の法王庁海軍の司令官である。解任も必至と思われていたのだが、大方の予想に反して法王は、同郷人であり親族でもある司令官を解任しなかった。パオロ・ヴェットーリとレオーネは、二人ともフィレンツェ人らしく豪放で気も強く、言ってみれば「フィーリングの合う仲」であったのだ。

事件後からはヴェットーリ司令官は、指揮下の三隻のガレー軍船に、チヴィタヴェッキアの港に停泊して敵を待つ、ようなことを許さなくなった。それ自体が戦力であるガレー船は一隻ずつに分かれ、それぞれが連絡用の小型ガレー船を従えての海上パトロールをつづけるように変わったのだ。常時の警戒体制を布いたということであった。

同時に陸地側にも、監視用の「要塞」(rocca)を海岸線に沿って建てていく工事が始まった。北伊のリグーリア地方では「塔」(torre)が多かったが、海ぎわまで崖が迫るあの地方の地勢では、見張りの役目を果せればよいのである。だが、砂浜の多い中伊のトスカーナやラツィオの海岸地帯となると、監視にプラス、上陸して来た海賊を迎え撃つこともできる程度の兵を常駐させる必要があった。それには、小型であっても要塞づくりでなければ、用を足せなかったのである。

陸上での突貫工事がつづく一方で、パオロ・ヴェットーリ率いる法王庁海軍の海上パトロールもつづけられていた。とくにヴェットーリの乗る旗艦は、沿岸を遠く離れ、サルデーニャやコルシカにまで遠出し、海賊クルトゴルを探してまわったのである。もし出会すれば、こちらはわずか数隻でも、クルトゴルの海賊船団に突撃する気でいた。

しかし、海賊船は、その年の秋になっても、姿も形もなかった。よもやと快速船をビゼルタの港近くにまで潜入させて偵察したのだが、この本拠地にもクルトゴルの姿はなかった。

で、コンスタンティノープルに出向いていたからである。

ティレニア海にも北アフリカのビゼルタにもいなかったのは、スルタンからの命令

スルタン・セリムは、法王の拉致が失敗したことで、クルトゴルを責めはしなかった。それどころか多額の褒賞金《ほうしょうきん》を与え、これまでの数々の労をじきじきにねぎらったのである。だが、再び北アフリカに、クルトゴルを送り返すことはしなかった。ならば、満期除隊という感じで引退でもさせたのか。ところが、まったく逆であったのだ。

西地中海を荒らしまわり、未遂に終わったとはいえローマ法王の拉致まで試みた大胆不敵なトルコ人の海賊を、トルコのスルタンは、トルコ海軍の総司令官に任命したのである。

十六世紀の初期という当時では、トルコはキリスト教諸国との間で大々的な海戦を闘うまでには至っていない。それで、トルコ海軍の総司令官といっても実際の担当海域は地中海の東半分に限られていたので、西半分で展開していたキリスト教諸国相手の海賊の歴史からは、この時期を境にクルトゴルの名は消えるのである。

しかし、西地中海を荒らすイスラム教徒の海賊たちにとっては、クルトゴルの昇進

が、海賊としての人生の到着点と映ったにちがいない。海賊行で実績をあげれば、トルコ帝国海軍の総司令官にもなれるのだ。クルトゴルは、この面でも、以後の海賊たちにとっての先輩になるのであった。

十六世紀初頭というこの時期の地中海世界では、言ってみれば、トルコ帝国の覇権下に入ったギリシア、小アジア、シリア、パレスティーナ、エジプトが、「イスラムの家」になる。これらの地方に囲まれた東地中海は、それゆえに、「イスラムの家の庭」と言ってよかった。

この「イスラムの家の庭」に、キリスト教徒は入ってこれなかった、というわけではない。

まず、ロードス島に本拠を置いて久しい聖ヨハネ騎士団という異分子があった。この人々は近くの海を航行するイスラムの船を襲うのを、キリストの戦士と自認する彼らの責務と考えている。つまりはイスラム世界の内部で海賊をやっていたのだが、ヨーロッパの貴族の出身者しか「騎士」になれないという決まりもあって、北アフリカの海賊とのちがいはやはりあった。

ヨハネ騎士団──→キリストの戦士としての責務を果たすこと──→海賊

北アフリカの海賊──→海賊として実績をあげる──→イスラムの戦士としての責務を果たす

第三者から見ればバカバカしいちがいだが、当人たちはまじめに受けとっていたのである。

もう一つ、「イスラムの家の庭」の中でも自由に行き来していたキリスト教勢力は、他国との交易を建国以来の国の基本方針としてきたヴェネツィア共和国である。この、中世・ルネサンスのエコノミック・アニマルにとって、宗教のちがいは障害にはならなかった。イスラムの「庭」の中にも、キプロス島とクレタ島という基地を持っており、「家」の中にさえ、各地に領事《コンソレ》を置き商館《フォンダコ》を運営していたのである。このヴェネツィア共和国が対トルコに起《た》つとすれば、経済上の関係が危機に陥ったときであった。

この時代の西地中海は、トルコが盟主のイスラム世界から見れば、「イスラムの家」の外であったのだ。北と西をキリスト教諸国が押さえている西地中海は、それゆえにキリスト教世界と見なされていたからである。いかに北アフリカにはイスラム勢力が浸透していたと言っても、その勢力を代表するのが海賊では、公式なトルコ帝国領とは言えない。だからこそトルコのスルタンは、後方攪乱《かくらん》の実動部隊として海賊を活用することを思いつき、実行にも移していたのである。

それにしても、海賊の活用とは、なかなかに巧みなアイデアであったとするしかない。自国の海軍を使えば理想的だが、海軍の装備と維持には陸軍よりもカネがかかる。ヴェネツィア共和国が強大な海軍を持てたのは、海運の長い伝統があったうえに交易によって得た莫大《ばくだい》な富を投入できたからである。この両方ともがなければ、法王庁海軍の規模でも明らかなように、数隻から十隻程度のガレー軍船しか持てなかった。

トルコ帝国は、莫大な富はあっても海運国であった伝統はない。伝統とは、あらゆる面でストックがある、ということである。それがないトルコが海軍が必要になったときに考えついたのが、必要なときにだけ海賊をリクルートする、というアイデアであった。

必要になったとき、とは、攻略を目的にした地に兵や攻城器を運送する必要が出たとき、か、その地への補給を断つ必要が出たとき、である。この時期はまだなかったが、しばらく後には、キリスト教海軍とイスラム海軍が、海上で正面から激突する海戦も起る。これらが「必要になったとき」なのだが、それ以外のときは海賊をしていてもらってけっこうなのである。公式の海軍ならば平時でも維持に費用がかかるが、一時期だけリクルートするだけなのだからその心配もなかった。つまり、圧倒的に安あがりであったのだ。それに、海賊としての実績しだいでは、トルコ海軍総司令官という、公式な道まで前途には開いていると示したことで、さらに海賊たちにやる気を起させたのだから、人材活用の策としては、これ以後も有効であることを示しつづけるのである。キリスト教世界も、やっかいな敵を持ってしまったものであった。

パオロ・ヴェットーリ

というわけで、地中海世界へのイスラム勢の侵攻という面でも、これまでも重要な働きをし、これ以後もそれでつづくことになる海賊だけに、クルトゴルの後任選びは、クルトゴル自らが責任をもって選んだ者を、スルタン・セリムが受け入れることで決まったようである。それが、長年クルトゴルの配下の一人として、分隊の指揮もまかされたことのあるガダリだった。

純血トルコを示して東洋風に整った顔立ちであったというクルトゴルとは反対に、クルトゴルに代わってチュニジア一帯の海賊の頭目になったガダリは、瘦《や》せて肌の色も濃く、眼光鋭く唇は残忍に結ばれ、立居振舞も野蛮そのものという、キリスト教徒の思い描く悪魔をそのまま絵にしたような海賊であったようである。

キリスト教側の記録によれば、捕えたキリスト教徒の少年たちを、イスラム諸国の宮廷に贈るために去勢するのに、特別の情熱をもって臨んだという。イスラムに関するキリスト教側の記録は常に距離を置いて接する必要はあるのだが、ガダリが、いかにも海賊らしい海賊であったことは確かであったらしい。そしてこのガダリを迎え撃つキリスト教側には、ジェノヴァ海軍を率いるアンドレア・ドーリアと、法王庁海軍を率いるパオロ・ヴェットーリがいた。

こうして、一五一八年は、クルトゴルに代わって海賊集団の頭目となったガダリにとっては、仕事始めの年になったのである。「海賊の季節」と言ってもかまわない夏、ビゼルタ港を後にしたガダリと配下の海賊船団は、仕事の場であるティレニア海に向って一路北上した。だが、ガダリも、クルトゴルの下での海賊経験が長い。手強《てごわ》い相手には手を出さないという、海賊にとっての鉄則は守った。鉄壁と化した防衛線とアンドレア・ドーリアの待つリグーリア地方には向わず、地中海の中央まで来たところで北上をやめたのである。その年の仕事の場は、法王庁海軍が守る中部イタリアにしたということだった。どうやら真夏の間は、もはや奴隷《どれい》を獲得するための草刈場になっていたサルデーニャやコルシカの島々をまわっての「草刈り」に費やされたようである。拉致《らち》した人々は、そのまま配下の船に乗せて北アフリカに送り出すのも、海賊たちの常法になっていた。

九月半ばになって、ガダリと海賊船団は、今度ははっきりと舵《かじ》を東に切り、トスカーナ地方に近づいた。

海賊船団、エルバ島の近海に現わる、の報を受けるやヴェットーリは、この海域に直行した。近くをパトロール中であったので、知らせを受けるや直行できたのだが、それゆえに充分な準備もできず、彼の乗る旗艦につづいたのは、ガレー船一隻《せき》と帆船二隻だけだった。しかも、順風とはとても言えない風を突いての北上であったので、櫂《かい》という〝モーター〟をそなえていない帆船の速度は落ちざるをえない。もう一隻のガレー船も旗艦のようには大型でないので、旗艦ほどの速度は出ない。後続の三隻と旗艦との間の距離は開く一方であった。だが、それを知りながらヴェットーリは、大型軍用ガレー船であるとはいえ、一隻だけで敵を追ったのである。

本土から張り出した形のピオンビーノの岬とエルバ島の間の海峡で、北上する敵船の一隻に追いついた。

司令官《コマンダンテ》ヴェットーリは、島の近くで敵と対決する危険までは考えなかったらしい。眼前の敵船しか、頭になかったようだった。それに向って、船首を先にして突撃したのである。たちまち海賊船は大きく傾き、その甲板に乗り移った法王庁海軍の兵士と漕ぎ手の連合軍の攻撃に耐えきれずに、海賊たちは降伏した。

ところが、このときになって、近くの島陰から八隻のフスタが現われたのだ。たちまち、これら小型のガレー船八隻は、ヴェットーリの船を取り囲む。大型船一隻を小型の八隻が四方八方から攻め立てる戦闘は、勝負が明らかになるのに時間はかからなかった。だが、そのときになって、遅れてついてきた一隻のガレー船と二隻の帆船が到着したのである。

前述したように、帆船には攻撃力はない。海上戦力と言うなら、このときの戦力は、二対八になる。遅れて来た三隻は、敗色が濃くなる一方の旗艦を助けに敵陣に突っこむのは気狂い沙汰《ざた》と判断し、敵に追いつかれる心配のない海上まで後退して、そこでことの進展を見守るほうを選んだのである。言い換えれば、他に選択肢がなかったとはいえ、見殺しにしたのだった。

ヴェットーリの船では、漕《こ》ぎ手に至るまでの全員が奮闘した。司令官自らも、怒り狂った獅子《しし》のように斬《き》りまくった。だが、ヴェットーリは、重傷を負いながらも、司令官の役目は忘れていなかった。視線の端では、海上で待つ友船の姿も見ていた。まだ動ける者の全員に、海にとびこめと命じたのである。ヴェットーリが崩れ落ちたのは、その後だった。

法王庁海軍の旗艦を捕獲したことで、二年前にビゼルタを攻められ荒らされたことの仇《かたき》を討ったと満足したガダリは、その年の仕事もこれで充分だと、ビゼルタに引き揚げて行った。もちろん、法王庁海軍の旗艦も引いてである。クルトゴルの後任としては、大成功で飾った年になった。

同じフィレンツェ人同士というだけでなく親友の仲でもあったパオロ・ヴェットーリを襲った運命を思って、常には陽気な法王レオーネも悲しみをかくさなかった。とはいえ、冬が近づいていた。冬の間は、修復作業や装備の再点検などで、船も港内で休み、船乗りも漕ぎ手も帰宅できる季節だ。だが、翌年の春から再開される海上パトロールを前にして、艦隊司令官の人選をしなければならないのも冬の間だった。

だが、どうしても法王レオーネには、ヴェットーリに代わる司令官の人選ができなかった。側近たちが持ってくるリストも、一見しただけでわきに押しやってしまった。適任者がいないというのが理由だったが、パオロ・ヴェットーリが死んだという確証がない以上、レオーネはまだ、一縷《いちる》の希望を捨てきれないでいたのである。

その一方で、鎖に引かれ牢に投げこまれ、残酷な拷問《ごうもん》の末に首を斬られる親友に想《おも》いを馳《は》せるのは耐えがたい感情だった。パオロ・ヴェットーリは、法王庁海軍の司令官の地位にある。二年前にその法王旗に蹂躪《じゅうりん》された北アフリカのイスラム教徒の側から見れば、そのときの敵将の一人であるパオロ・ヴェットーリは、広場に引き出して公開処刑に処す理由は充分にあったのだ。法王レオーネも、戦乱の時代でもあったルネサンス時代の人である。敗将を待つ運命は充分に知っていた。ただ、一五一八年の冬のレオーネは、それを受け入れることがまだ、できないでいたのだった。

そうこうするうちに年も代わり、海賊の季節の始まりである春が訪れる。

もしも、海賊《コルサロ》ガダリがこの年も標的をトスカーナとラツィオにしぼっていたとしたら、この両地方の沿岸一帯が受けたであろう被害はすさまじいものになっていたにちがいない。なぜなら、この海域を守るのが任務の法王庁艦隊は、旗船を敵に奪われただけでなく、司令官さえも不在という状態にあったからである。だが、前年の成功が、ガダリを自己過信にしていた。

一五一九年春、前年に捕獲した法王庁艦隊の旗艦を自分の船にしてしまったガダリは、配下の海賊船団を率いて北アフリカを後に北上を開始していた。この知らせは早くも、チュニスに駐在するジェノヴァの領事によって本国に伝えられる。この段階ではまだ、ガダリの標的がどこかはわかっていなかったが、ジェノヴァは迎撃の準備に入った。その責任者であるアンドレア・ドーリアはなぜか、海賊は今年はジェノヴァを攻めにくる、と予測していた。そして、これが当たる。前年の戦果で自信に満ちあふれていたガダリは、前の年は避けたジェノヴァだが、今年ならば勝てると思いこんだのだろう。それで、トスカーナやラツィオの沿岸には眼もくれず、一路ジェノヴァを目指して北上したのだった。

その年のジェノヴァの港には、攻撃力であるガレー船は四隻しか配置されていなかった。ジェノヴァの近海のみの警護しか頭にないジェノヴァ政府が、それには四隻で充分だと判断していたからである。また、五十三歳にはなっていても、まだこの時期であったのだから。

しかし、海賊の襲来は必至と見たドーリアは、自国政府の決定であろうと、そのまま飲み下す男ではない。政府に、さらに二隻のガレー船を要求したのである。ジェノヴァ共和国政府は、船はあっても漕ぎ手が足りないという理由で、ドーリアの要求を却下する。だが、この程度のことで引き下がるドーリアではなかった。囚人を使うということで、二隻の増加を認めさせたのである。

囚人たちは、ガレー船の漕ぎ手を一定期間勤めあげれば刑を帳消しにするという条件で海上勤務に就くので、イタリア船ならば船上でも鎖につながれることはない。ただし、刑務者である以上、通常の漕ぎ手とはちがう注意は必要だった。この人々は、「ボナボーリア」と呼ばれた。直訳すれば「良き願望」となるが、要するにジェノヴァ市民としての義務を、刑務所の中ではなく海の上で果たすと決めた人のことである。ために、敵との戦闘には、他の乗員同様に、武器を手に参戦した。

アンドレア・ドーリアは、囚人の漕ぎ手だけで一隻を編成するのではなく、囚人たちを各船に分散する方法を採ったようである。だがこれで、六隻のガレー船団を編成できたのだった。その六隻を率いて、敵に向って撃って出たのだ。堅固な守りゆえに安全でもある港内で待ち受けるのは、彼の気性に反していた。

ジェノヴァの海の男たち

四月も末近くなったある日、南下中のジェノヴァ海軍に、放っておいた偵察船からの報告が入った。ピアノーザ島の近海を数多くの海賊の「フスタ」が一団となって北上中、という知らせである。ピアノーザは、コルシカとエルバの間の海に浮ぶ小島で、その海域を北上中ということは、敵はジェノヴァに向っていることを示していた。

しかし、ドーリアは、北上してくる海賊の前に立ちはだかる策は採らなかった。海上の戦闘を嫌い、船の数では優勢でも敵艦隊と見るや逃げる海賊の習性を知っていたからである。また、風も、北上してくる敵のほうに有利な、シロッコと呼ばれる南東風で、自分たちには逆風になった。

それでドーリアは、逃げると見せかけることにしたのである。Uターンして船首を北に向けたジェノヴァの旗艦を見て、他の五隻もそれにつづいた。

イタリアの海洋国家の船が、四角形の帆でなく三角形の帆を好んだのは、四角帆だと逆風ではお手あげでも、三角帆ならば、ジグザグにしても前に進めるからである。しかも、その帆を操るのは、船乗りとしてならばヴェネツィア人以上と自他ともに認めるジェノヴァの船乗りたちであった。船の方向を変えることも、彼らならば、北アフリカの海賊などは足許《あしもと》にも及ばない巧みさでやってのけたのだ。だからこそ、アンドレア・ドーリアも、風の吹きつける海の上での綱渡りにも似た、むずかしい操船術も要求することができたのである。ジェノヴァの船乗りならば、順風を受けて走りながらも、少しずつ遅れることぐらいは朝飯前である。そして、海賊ガダリは、逃げる敵船団を追うことしか頭になくなっていた。

ピアノーザ島は水平線の彼方《かなた》に消え、エルバ島も通り過ぎつつあったときである。ドーリアの乗る旗艦の帆柱高く、再度のUターンを命ずる旗がひるがえった。

突如向き直ったジェノヴァ艦隊は、全船がすでに帆を降ろしていた。帆は降ろし動くのは櫂だけにしたということは、戦闘準備完了を意味する。

一方、順風を受けて追って来た海賊船団は、突然敵に向き直られて混乱し、帆を降ろす作業も忘れているうちに敵陣に突入してしまった。完璧《かんぺき》な態勢で敵を迎え撃ったジェノヴァ側に対し、海賊側は、風に押されて戦闘に入ってしまったことになる。これが、双方の戦士の闘いぶりに影響しないではすまなかった。ジェノヴァ側では、兵士も漕ぎ手も一団となって、「聖《サン》ジョルジョ！」の雄叫《おたけ》びとともに敵船に攻めこんだのである。聖ジョルジョは、ジェノヴァの守護聖人だった。

海の上の激闘は、二時間以上もつづいた。ドーリアの乗る旗艦は、同時に五隻もの敵船を相手に闘った。多くのジェノヴァ人が倒れたが、結果は、海賊の側の完敗に終わったのである。

五百人以上の海賊が死に、二十隻もの「フスタ」が捕獲され、三十隻近かった海賊船団の中で逃げるのに成功したのは、わずかに三隻の「フスタ」のみであったという。もちろん、海賊船内で鎖につながれていたキリスト教徒の漕ぎ手たちは、全員が解放された。

また、海賊船団の旗艦にされていた、前の年に奪われていた法王庁の旗艦も、キリスト教側にもどったのである。

そして、数少なかった捕虜の中にガダリがいると知ったドーリアは、自分の成功が完璧であるのを悟る。ただし、アンドレア・ドーリアは、同時代のヴェネツィア海軍の司令官たちのように、即座に帆桁からつるして死刑に処すことはしなかった。海賊の頭目ガダリは、鎖つきでジェノヴァ港まで連行され、凱旋《がいせん》の目玉にされた後、ピアノーザの島の牢に入れられた。二年後、憤怒《ふんぬ》のあまりに牢内で死んだということである。

ローマの法王も、ジェノヴァ艦隊の勝利を、送り返されてきた旗艦とともに知った。その船には、法王庁の旗艦であったときの船乗りであった人々が、海賊の旗艦にされて以後も奴隷として働かされていたのである。その人々が一年後とはいえ帰国できたのを、法王レオーネは、喜びを露《あらわ》に迎えた。だが、彼らの一人といえども、司令官だったヴェットーリの消息を知る者はいなかった。

法王は、司令官の人選の先送りはもはやできないと認めるしかなかった。ヴェットーリが乗っていた旗艦は大砲も装備している最新型の船であったから、海賊ガダリも、捕獲後に自分の船にしていたのだ。それが、船乗りともどもどってきて、チヴィタヴェッキアの港で出港を待っている。法王庁艦隊は、法王レオーネが苦労して作りあげた当時の状態にもどったということだが、欠けているのが司令官であったのだ。

それに、ジェノヴァ政府は、法王庁駐在のジェノヴァ大使を通して、アンドレア・ドーリアの予測も伝えてきていた。

ガダリは始末したが、北アフリカの海賊の来襲がこれでなくなるわけがない。次の年も北上してくることはまちがいはないが、そのときの標的は、トスカーナとラツィオになるだろう、と。

ジェノヴァ政府はまた、ティレニア海側のイタリア半島西岸一帯の防衛には、ジェノヴァ海軍も法王庁海軍と連携して当る用意あり、とも伝えてきていたのである。その当事者ともなる法王庁海軍司令官の人選は、もはや先送りできないところにまできていた。

ところが、まさにその時期、ローマの法王の許に、パオロ・ヴェットーリからの自筆の手紙が届いたのである。ヴェネツィア船の上で書いている、というその手紙は法王レオーネを狂喜させたが、手紙には、捕虜になって以後の移り変わりも書かれてあった。

それによれば、戦闘中に重傷を負ったヴェットーリは、ガダリの船に運ばれてそのままビゼルタに連れていかれた。ビゼルタまでの船中ですでに、ユダヤ人だという医師の手で手厚い治療がほどこされたという。それで、ビゼルタに着き牢に入れられたときには、牢生活を耐えていける体力は回復していた。

どのようにして、ガダリとヴェットーリが会ったのかはわかっていない。また、どのようにして、ヴェットーリが海賊の頭目を説得したのかもわかっていない。私の想像するに、パオロ・ヴェットーリも、一千五百年昔にユリウス・カエサルが使った「手」を使ったのではないかと思う。ポンペイウスによる海賊一掃作戦の前で地中海にはいまだ海賊がウヨウヨしていた紀元前一世紀、海賊の手に落ちた青年時代のカエサルが使った「手」であった。

何よりもまず、殺されない状況にすることが先決する。それで海賊には、多額の身《み》代金《しろきん》を払うと申し出る。身代金は、相当な額でないと効果はない。なぜなら海賊に、眼の前にいる人間を殺すよりも手にする身代金のほうが、魅力的に思える額でなければならないからだ。それほどの身代金を払えるかどうかは、この段階では思いわずらう必要はない。何よりも優先するのは、殺されないということにつきるからである。

パオロ・ヴェットーリが、この「手」を用いたのかどうかは知らない。わかっているのは、法王庁海軍司令官は処刑されず、不可思議にも相当な程度の行動の自由まで許されていたことである。だがそれが、チュニスに駐在するヴェネツィアの領事との接触につながった。

ガダリとの間で同意が成った身代金の金額は、六千ドゥカートである。人質一人の身代金としては前代未聞《みもん》の高額で、名門の出でも他のフィレンツェの名門のように金融業を営んでいないヴェットーリ家では、逆立ちしたって払える額ではなかった。

家賃を除いた都市での一年の生活費が、二十か二十五ドゥカートもあれば充分、と言われた時代である。フィレンツェやヴェネツィアの行政官僚の年給が、中堅どころで年に百ドゥカート。今では法王庁の至宝とされている「ピエタ」の制作費として、ミケランジェロに支払われた額は百五十ドゥカート、であった時代だった。それが六千ドゥカートにまで釣り上ったのは、海賊の要求によるのか法王庁海軍司令官の提案であったのかは不明だが、いずれにせよ個人で払える金額ではなかったのだ。

どうやら、法王庁が払うというヴェットーリの言葉を信用して、複数のヴェネツィア人がチュニスにある自分たちの口座から出すことで、海賊への身代金支払いは済ませたようである。捕囚生活も半年足らずで、パオロ・ヴェットーリは自由になり、商用で訪れていたヴェネツィアの船に乗ってチュニスを後にしたのだった。

だが、そのますぐに、ローマに帰れたわけではない。法王庁海軍司令官の釈放には協力を惜しまなかったヴェネツィア人だが、ヴェットーリを送り返すのは、立て替えた六千ドゥカートがヴェネツィアの銀行に振りこまれるのを確認するまで待ったのである。それでヴェットーリも、振り込まれるまでの担保という感じで、ヴェネツィアの船でヴェネツィアまで向いつつあったのだった。その船上から法王に手紙を書き送ったのは、無事を少しでも早く伝えたいと思ったことの他に、なるべく早く六千ドゥカートをヴェネツィアの銀行に振りこんでほしいと、法王に願う必要もあったからだった。

ヴェットーリから届いた手紙は、あきらめるしかないと思い始めていたレオーネに、大きな喜びをもたらした。前代未聞の身代金も、私物を担保にして借りた金でまかなったという。完全に自由の身になったヴェットーリがローマにもどってきたのは、一五一九年も冬に入ってからだった。

ほんとうは、法王庁海軍司令官は法王に、いずれは払うからそれまで立て替えてくれるよう、手紙の中で頼んでいたのである。だが、法王レオーネは、半年ぶりに現われた親友がそれをもう一度くり返したのに対し、豪快な笑いで答えただけだった。この法王についてはすでに、『神の代理人』中で取りあげた、四人のルネサンス法王の一人として書いている。

普通ならば、イスラムの海賊の許での捕虜生活を一度でも経験すれば、もう二度と海に出て行きたくない、と思うほうが当然だろう。そこまで強い拒絶反応を起さなくても、しばらくの冷却期間は置きたいと言ったとしても、誰からも非難はされなかったにちがいない。

十六世紀とは、あらゆる考えの対立があらゆる地域で激突し合っていた時代であった。

キリスト教　×　イスラム教
カトリック　×　ギリシア正教
カトリック　×　プロテスタント
カトリックの穏健派　×　異端裁判派
フランス　×　スペインとドイツ

イスラム世界でも各宗派に分れての抗争は、始祖マホメッドの死後から始まって執《しつ》拗《よう》につづいていたが、十六世紀に入ってからのトルコ帝国の圧倒的な力《パワー》が、表面的にしろそれらを沈静化させる役にはたっていた。しかし、イスラム世界でのトルコのような力《パワー》をもつ国が一つとしてなかったキリスト教世界では、激突はより長くつづくことになる。西欧での覇権を一手にしようとするスペインと、それをさせてはならじとするフランスとの間のパワーゲームが、半世紀以上もの間ヨーロッパを戦場にしていくのである。

このような時代では、牢獄《ろうごく》内の状態は劣悪でそこでの捕囚生活が苛酷《かこく》きわまりないものであったことは、キリスト教圏であろうとイスラム圏であろうと変わりはなかったが、宗教が介在するやいなや、より劣悪でより苛酷になることでも変わりはなかったのである。権力や利益をめぐっての抗争ならば「勝者」と「敗者」にしか分れないが、そこに宗教が入ってくると、「正」と「邪」に分れてしまうからである。

このような時代、イスラム教国での捕囚生活が、キリスト教徒にとって快適であるはずはなかった。それもとくに、キリスト教徒全体の精神上の最高指導者とされている、ローマ法王直属の海軍の司令官であった人にとってはなおのこと。

パオロ・ヴェットーリは、半年に及んだビゼルタとチュニスでの捕囚生活について、一言も語っていないし書き残してもいない。だがその彼が真先に法王に願ったことは、故郷のフィレンツェに帰らせてくれということではなく、一日も早く法王庁海軍の司令官に復帰させてくれということであった。法王レオーネも、快諾する。ヴェットーリもクヨクヨしない気質の男であったらしいが、同じフィレンツェ男のレオーネ十世も、それに輪をかけた感じのクヨクヨしない型の男であった。なにしろ、ルターに宗教改革運動を起され、その結果、プロテスタント派に離反されてキリスト教世界が二分してしまったことにさえ、動転しなかったのである。六千ドゥカートの出費ぐらいでクヨクヨするはずもなかった。というわけで、何ごとも起きなかったというようにチヴィタヴェッキアに帰ってきたヴェットーリを、兵士も船乗りも漕ぎ手も拍手喝采《かっさい》で迎えたのである。翌一五二〇年には、法王庁海軍は再び海に出ていける状態にもどっていた。

だがやはり、前年に行われたアンドレア・ドーリアによる海賊ガダリの捕獲の影響は大きかったのである。

海賊といえども、リーダー不在では機能不可な集団であることでは変わりはない。小さな離れ島でしかないピアノーザの牢に入れられている自分たちのボスを、奪い返すことさえもできなかったのだから。そのうえ、ティレニア海の北はドーリア率いるジェノヴァ海軍が睨《にら》みを効かせ、その南はヴェットーリが指揮する法王庁海軍が、常時パトロールをしてまわっていた。このティレニア海に面したイタリア半島の西岸一帯は、実に久しぶりの平和を享受《きょうじゅ》していたのである。
しかし、この西地中海に対して、東地中海ではにわかに波立ってきていた。トルコ帝国が再び、聖ヨハネ騎士団が本拠を置くロードス島の攻略に動き始めたのである。

「イスラムの咽《のど》にひっかかった骨」

西暦一五一七年をもってシリアとエジプトを完全に覇権下に組み入れて以後のトルコ帝国は、もはや名実ともにイスラム世界の盟主の地位を確実にしていた。そのトルコが、ギリシア、小アジア、シリア、パレスティーナ、エジプトがぐるりと囲む東地中海を、自国の内海と見なすようになったとしても当然だ。その自分たちの庭である東地中海の真中に一つだけ残っているキリスト教世界の砦《とりで》が、今なお十字軍時代の遺物である宗教騎士団がこもる、ロードス島なのである。

トルコの首都コンスタンティノープルでは、このロードス島を、「イスラムの咽《のど》にひっかかった骨」と呼んでいた。だが、この「骨」は、ただ単にロードス島の中でおとなしくしていたのではなかった。海のメインロードと言ってよいトルコの首都コンスタンティノープルとエジプトのアレクサンドリアの間を往復する船はもちろんのこと、周辺の海域を行き来するイスラム船を襲い、海賊と言われても文句もいえないようなやり方での対イスラムの戦いに専念していたのである。彼らにすれば、十字軍の継続ではあったのだが。

とはいえ、この海域を行くイスラム教徒たちにとってはたまったものではなかった。イスラム教徒たちは聖ヨハネ騎士団の騎士たちを、「キリストの蛇たち」と呼び、彼らがこもるロードス島を、「キリストの蛇たちの巣窟《そうくつ》」と呼んで怖《おそ》れていた。イスラムの盟主になったトルコのスルタンとしては、捨て置けることではなくなっていたのである。

「蛇たちの巣窟」の一掃を目的にした攻撃は、すでに一四八〇年に試みている。だがそのときは海上の補給線が充分に機能せず、十万もの大軍を上陸させていながら結局は撤退せざるをえなかった。二度目の試みの兆候が見え始めたのが、一五二〇年になってからなのである。

トルコ本国でのこの兆候をいち早く知った騎士団の団長でイタリア人のデル・カレットは、西欧のキリスト教諸国に対して矢つぎ早の援軍派遣の要請を送った。もちろんローマの法王庁には、どこよりも先に送られてきた。法王レオーネはその要請に応《こた》えると決めたが、派遣される援軍の責任者に指名したのがパオロ・ヴェットーリである。

　何だか、六千ドゥカートもの身代金を払ってやったのだからイスラムとの最前線へ行って働け、という感じでもあったかと想像すると笑ってしまうが、命じられたヴェットーリのほうにも、やむをえないから行く、という感じはまったくなかった。それどころか、張りきって再び対海賊の最前線に復帰したのに当のガダリは牢の中、部下の海賊たちも鳴りをひそめてしまったようで、振りあげた手の持っていきどころのない想いでいたのである。

　それに、騎士団長の手紙では、本格的なロードス島の攻撃に入る前の前哨戦《ぜんしょうせん》と言ってよい、ロードスの近海を荒らしまわることで騎士団の補給路を断つ海上作戦を指揮しているのは、かのクルトゴルであるという。

　西地中海を震駭《しんがい》させた海賊クルトゴルもその後はトルコ海軍総司令官に任命されていたから、トルコが軍事行動を起せば、海上からそれをささえるのは当然だった。だがこのクルトゴルは、ヴェットーリにとっては忘れることのできない敵でもあった。ローマ法王を拉致しようとした男なのだ。あの事件は、未遂に終わったとはいえ、法王の安全にも責任のある法王庁海軍司令官ヴェットーリの、眼と鼻の先で成されたことでもある。そのクルトゴルと再び対決できるという想いが、フィレンツェ男の胸に火を点《つ》けたのだった。

ロードス島には、大小の砲器をそなえつけた大型帆船三隻で向うことになった。これほどの船は法王庁海軍は所有してなかったのを、法王レオーネがまたも借金して、急遽《きゅうきょ》造らせたのである。普通の帆船ならば攻撃力はないが、「ガレオーネ」と呼ばれる大砲つきの大型帆船となると、完全に攻撃力をもつ。ロードス島までの長旅にも耐え攻撃力も必要となると、「ガレー」よりも「ガレオーネ」のほうが適していた。

大型の帆船だから、乗船できる人の数も多くなる。三隻の「ガレオーネ」は、数多くの砲器と大量の火薬を積んでいながら、一隻につき二百五十人の兵士を乗せて出港する。全員が志願者だった。

春にチヴィタヴェッキアを出港した後はイタリア半島沿いに南下してメッシーナ海峡を通り、イオニア海を横断してロードス島の港に到着したときは、六月に入っていた。そこにはすでに、フランス王が送った十七隻が入港していた。フランス王が援軍を送ったということは、スペイン王からの援軍は送られてこないということである。

それで騎士団長も、これ以上外からの支援を待つのは時間の無駄と、合計二十隻になる海上戦力の総指揮を、パオロ・ヴェットーリに一任した。フランス船の船長には、イスラムの海賊相手の戦いの経験者が少なかったのだ。だがこれも、どうやらヴェットーリが言い出して決まったようである。なぜなら、久しぶりに海中に放たれた魚でもあるかのように、ロードス島入りして以後のヴェットーリの活躍は、めざましいの一語につきたからであった。

騎士団の団長だったファブリッツィオ・デル・カレットは、法王レオーネのいとこのジュリオ・デ・メディチ枢機卿《すうきけい》（この人もローマにはいても、聖ヨハネ騎士団の一員だった）にあてた手紙に、次のように書いている。日附は、一五二〇年八月二十五日。

「わが敬愛の念では誰にも優《まさ》るパオロ・ヴェットーリ殿は、ここではキリスト教海軍の総司令官の名に恥じない見事な戦果を毎日のようにあげて帰ってきます。ヴェットーリ殿の働きぶりはめざましく、ロードス島の近海には、トルコ軍の船は一隻たりとも近づけないようになりました。

とくに先日の戦果はすばらしかった。トルコ海軍を指揮していた海賊の頭目の乗る船を追いまわし、撃破し、炎上させ、多数の捕虜まで引き連れて帰還したのです。われわれにとっては、ロードス近海からのトルコ海軍の排除に加え、不足していた漕ぎ手の補充までしてくれたことになります」

ちなみに、キリスト教国の中では聖ヨハネ騎士団だけが、捕えたイスラム教徒を漕ぎ手に使うやり方で通していた。

パオロ・ヴェットーリの執念の的であったクルトゴルだが、乗っていた船が沈没したにかかわらず、彼は生きのびた。それでもこのときの対決では、勝ったのはヴェットーリのほうであったと言える。トルコ側が、ロードス島への外部からの補給を断つ封鎖網作成を断念したからである。

これで派遣の目的は達したと、フランスから来ていた十七隻が帰途につく。パオロ・ヴェットーリも、騎士団の全員が最高の礼で見送る中を、配下の三隻とともに西に向って発《た》って行った。

ロードス島は二度ともトルコの攻略をはね返したと、そのときは誰もが思ったのである。だが、わずかその一年後には、それが楽観的な見通しにすぎなかったことが明らかになる。そして、ロードス島の運命も、地中海をも巻きこむ国際政治の動向と無縁ではなかった。

第五章　パワーゲームの世紀

若き権力者たち

一五二二年という年に照明を当てれば、国際政治の主人公たちは次のようになる。彼ら全員が、若くして権力を手中にし、そのうえ長い治世にも恵まれ、しかも英邁《えいまい》な君主であったことでも共通していた。

スレイマン一世（一四九四年―一五六六年）――父セリムの死で、一五二〇年、二十六歳でトルコのスルタンに即位する。四十五年もの長い治世の間、陸ではウィーンに迫り、海でもヴェネツィア共和国を始めとするキリスト教諸国に攻勢をかけつづけることで領土を最大にし、トルコ帝国の黄金時代を築いた。キリスト教側さえも「大帝」の敬称づきで呼んでいたほどの、イスラム世界最高の権力者であったのだ。

一五二二年当時は、二十八歳。

フランソワ一世（一四九四年―一五四七年）――一五一五年、二十一歳でフランス王に即位。戦争でも外交でも当代一の器《うつわ》とはとても言えない君主だったが、治世が三十二年に及べば何かはできる。それにフランスは、国土イコール耕地と言ってもよいくらいだから、豊かで人口も多かった。この国の王であったフランソワの功績と言えば、晩年のレオナルド・ダ・ヴィンチを三顧の礼でフランスに迎え、この大天才につかの間の安住とそれにつづく死の場所を贈ったことかもしれない。「モナ・リザ」がフランスにあるのも、レオナルドが感謝の証《あか》しとして贈ったからである。

ただし、イタリアのルネサンス文化への真摯《しんし》な憧景《しょうけい》と愛情を除けば、フランス王としてのこの人の一生は、スペイン憎しで過ぎるのだ。当時のカルロスの勢力を思えば、無理もない想《おも》いではあったのだが。

一五二二年当時、二十八歳。

スペイン王としてならばカルロス一世、ドイツとオーストリアを中心とした神聖ローマ帝国皇帝としてならば、カール五世（一五〇〇年―一五五八年）――一五一六年、十六歳でスペイン王に即位する。一五一九年には十九歳で神聖ローマ帝国の皇帝に即位し、スペイン、ドイツ、オーストリア、オランダを支配下に置いたのみでなく、ヴ

カルロス五世

フランソワ一世

スレイマン一世

ェネツィア共和国を除くイタリア半島の事実上の支配者にまでなった。さらに加えて、植民地化が進行中の新大陸の主《あるじ》でもあったのだ。

一五二二年当時、二十二歳。この文中では、「皇帝カルロス」で統一する。

この三者に加えて、十六世紀のパワーゲームには欠かせない主人公がもう二人いた。

一人目は、共和国であることからも、個人の突出を避け常に国家として行動したヴェネツィア共和国である。人口も他の国の十分の一以下でしかなかったこのヴェネツィアが国際政治を決める場に常に席を持っていたのは、経済大国であったためばかりではない。それよりも、ヴェネツィアのもつ海軍力を、トルコもスペインもフランスも、無視できなかったからである。海戦必至となった場合でも、ヴェネツィアが本格的に参戦してくるか否《いな》かで勝敗の行方が決まった。

二人目は、ローマ法王である。「神の代理人」である法王は、世俗の君主とちがって軍事力を持つことはできない。できないと言うよりも、信徒から見て似合わない。海賊からの防衛という理由で設置した法王庁海軍も、戦力であるガレー軍船の数で比べれば、地中海最強と言われたヴェネツィア海軍の、百分の一にすぎなかった。

しかし、ローマ法王には、いかなる大国の支配者でも持てない無形の権力があった。

キリスト教の教理では、世俗の君主とて神が認めたからこそその地位に就いていられる、ということになっている。そしてそれを具体的に示すのが、神意の伝達者ということになっている法王による戴冠《たいかん》だ。西欧世界第一の支配者になった皇帝カルロスでも、ローマ法王の前にひざまずいて皇帝冠を授けられて初めて、統治者としての正統性を獲得できるのであった。ゆえに、もしもその君主が気に入らなくなれば、法王には破門さえできたのだ。破門された者にはキリスト教徒は従う義務はなくなるので、昨日までの権力者もタダの人になってしまう。ルネサンスを経過して破門の効力は相当に減少したが、自分たちの王様が破門されたりすれば、その臣下の善男善女たちは気が落ちつかなくなるぐらいの効果はあった。

また、彼らが行う戦争も、ローマ法王が認めるか否かで、正しい戦争か否かに分れる。単なる軍事上の同盟でも、「神聖同盟」と名づけることが可能になるからだ。

この種の権力を無視できなかったがゆえに、ローマ法王の座に自国に有利な人物をすえる動きは、昔からあった。コンクラーベと呼ばれる枢機卿《すうきけい》会議での投票で決まるのがローマ法王だが、誰に票を投ずるかは、人間である枢機卿が決めるのではない。これまたキリスト教の教理では、一人一人の枢機卿には聖霊が降りてきて、誰に投票するかを暗示する、ということになっている。だが、そのようなことを信じている枢機卿は、居たとしてもごくまれで、ゆえに各国の君主が暗躍することになるのだった。

多くの面で活動的な法王であったレオーネ十世は、一五二一年の末に世を去っていた。まだ四十六歳だったが、肥《ふと》っていたのが原因であったらしい。フランス王に近いと評判だった法王だが、この年齢での突然の死を予想していなかったフランス側が手を打てないでいるうちに、スペインが早くも動いたのである。〝聖霊のお告げ〟によって法王に選出されたのは、皇帝カルロスの家庭教師でもあったという、オランダはユトレヒトの司教職にあった人だった。フランスに傾いていたローマ法王庁を、スペイン側は奪還に成功したのである。後ろだてを失った法王庁海軍司令官のパオロ・ヴェットーリの立場も、これでは微妙にならざるをえない。ましてや地中海を見るのさえ初めてというオランダ人の新法王に対しては、イスラムの海賊《せき》についで説明するのさえむずかしかったろう。この新法王をスペインまでガレー四隻で迎えに行き、ローマまで随行したのもヴェットーリであった。

いずれにしても、時代は、若き君主たちによるパワーゲームの時代に入り、地中海世界も、その余波をかぶらないではすまなくなったのである。

存命中から「大王」とか「大帝」とかの敬称づきで呼ばれる人は、例外なく、他国の領土に進攻することで自国の領土の拡大に成功した人である。内政面でいかに重要な業績をあげても、「賢帝」とは呼ばれても「大帝」とは呼ばれない。人間とは所詮《しょせん》、勝ってこそ胸も晴れる動物なのだろう。ゆえにそれらの人間を束ねていかねばならないリーダーは、とくにこれから自分の治世をスタートさせねばならないリーダーは、胸がすっきりする何かを国民に提供することが重要だ。それができると国民は、幸先《さいさき》良しと感じてくれ、この人にならば、困難に遭遇しても従《つ》いていこうという気持になる。反対に、スタートでつまずくと国民の意気も落ちるので、その後の統治の苦労が何倍にもなる。即位間もないスルタン・スレイマンが、ロードス島攻略に断固とした決意で臨んだのも当然であった。

一五二二年の八月一日から始まり、四ヵ月間の苛酷《かこく》きわまりない攻防戦の末に、聖ヨハネ騎士団はスレイマンに屈した。「キリストの蛇たちの巣窟《そうくつ》」は一掃されたのである。

六百人にも満たない騎士たちと、外部からの傭兵《ようへい》は武器をもって起《た》ったロードス島の住民を加えても五千にしかならない兵力で、三百隻もの船で送られてきた十万に対抗した四ヵ月であった。

防衛側の死傷者四千に対し、攻めるトルコ軍の死傷者の数は、その十倍の四万に達した。これほどの犠牲者を出せば、普通ならば撤退して次の機会を待つ。だが、四ヵ月というもの戦場に留まりつづけたスレイマンには完全勝利しか頭になく、二十八歳の若き専制君主の固い意志はいかなる犠牲にもゆるがなかった。勝利を手にして初めて、首都のコンスタンティノープルに帰ったのである。

この攻防戦の詳細については、『ロードス島攻防記』と題して二十年も昔に刊行した作品を読んでいただくしかないが、ロードス騎士団とも呼ばれていた聖ヨハネ騎士団がロードス島から去った一五二二年以降、地中海の東半分は完全にイスラムの海になったのである。そしてそれが西地中海にも及んでくるのを、キリスト教世界では誰もが予想していた。

法王クレメンテ

トルコ帝国のスルタンがスレイマンに代わっても、海賊を活用するというトルコの戦略は変わらなかった。

ピアノーザの牢《ろう》で死んだガダリに代わって、その任務の遂行役になったのが、シナムという名の海賊である。小アジア西岸のスミルナに生れたユダヤ人だが、改宗してイスラム教徒になっていた。「ユダヤ人シナム」が、西地中海一帯でのこの男の通称になる。片眼で、見えないほうの眼を黒い布でななめに隠した姿で手下たちを指揮するとは、あまりにも海賊そのもので笑ってしまうが、襲われた側は怖《おそ》れおののいたのである。

しかも、残忍なだけでなく、狡猾《こうかつ》でずる賢かった。本拠地を、これまではどの海賊

ジュリオ・デ・メディチ（左）とレオーネ十世（右）

も見過ごしてきたジェルバの島に置いたのである。チュニジアの東岸に近く浮ぶこの島から出て北上し、キリスト教諸国を荒らしてまわるのが、「ユダヤ人シナム」にとっては職業であると同時に、トルコのスルタンの与えた任務を遂行することであった。「ユダヤ人シナム」は、イスラムへの改宗者であることにユダヤ人であることも加わって、強烈なキリスト教徒嫌いであることでも知られていた。そして、この男が、パオロ・ヴェットーリの次なる敵になるのである。

一五二三年、九ヵ月しかもたなかったオランダ人の法王は死に、イタリア人のジュリオ・デ・メディチ枢機卿が、クレメンテ七世として法王の座に就いた。新法王はフイレンツェ生れでメディチ家の一員だったが、いとこの間柄でありながら、先の法王レオーネ十世とは正反対の性格の持主でもあった。

豪放で陽気でクヨクヨしなかったレオーネに対し、クレメンテは、身近にいる人々にさえ容易に胸の内を明かさず、決断に迫られたときになっても優柔不断。頭脳は明晰《めいせき》で判断力もあったにかかわらず、何ごとにつけても後手後手にまわってしまう人だった。

いとこ同士でありながらこうも性格がちがっていたのは、クレメンテの出生に由来するのかと噂《うわさ》する人が、当時でも多かったのである。

一四七八年、フィレンツェだけでなくイタリア中を震駭《しんがい》させた「パッツィの陰謀」は、ときのローマ法王シスト（シクストゥス）四世が背後で糸を引き、メディチ家とはライヴァル関係にあったパッツィ家の男たちを実動部隊にして仕かけた、メディチ家の若き当主ロレンツォとその弟のジュリアーノの二人を殺害しようとした陰謀であった。

ロレンツォは軽傷を負っただけで難を逃れたが、弟のジュリアーノは殺された。だが、死んだジュリアーノには、この数日前に愛人から生れた子がいたのである。ロレンツォは、深くも調べずにその幼児を手許《てもと》に引き取り、息子同様に育てたのだった。これがジュリオ・デ・メディチだが、正式にロレンツォの養子になっていても、出生は誰もが知っている。それでロレンツォは、ジュリオを聖職界に入れたのである。ルネサンス時代ではローマの法王庁でさえも開けた世界になっており、それゆえに能力主義の世界で、私生児であっても道は開けていたのだった。

だが、その当時のローマ法王庁には、メディチ家出身者はジュリオ一人ではなかった。すでに、ロレンツォの嫡子《ちゃくし》で二男のジョヴァンニが枢機卿としてのキャリアを始めていた。結局、ジュリオの立場はその後長く、この三歳年上のいとこを助ける役割でつづくのである。ジョヴァンニがレオーネ十世の名で法王に就任して以後も、法王レオーネの第一の側近が、枢機卿となったジュリオの立場であった。

長く聖職界でのメディチ家ナンバー・トゥであったジュリオにも、四十五歳になってようやく法王の位がまわってくる。だがそれも、レオーネの若すぎた死と、その後を継いだオランダ人の法王の無策のおかげであったと言えなくもなかった。

枢機卿時代のジュリオ・デ・メディチの律儀《りちぎ》で正確な仕事ぶりと地味な性格の良さを認める人は少なくなかったが、今や世は、東西ともに若い力に満ちた優秀な専制君主たちが互いに覇を競う、国際政治のパワーゲームの時代に入っている。かつてロレンツォ・デ・メディチの名を高めた各国間の勢力均衡路線では、解決不可能な時代になったということであった。

同時代人であり、法王クレメンテの側近であったグイッチャルディーニやフランチェスコ・ヴェットーリとは親友の仲でもあったマキアヴェッリは、指導者に不可欠な条件として次の三つをあげている。

「力量《ヴィルトウ》」に恵まれていること。「運《フォルトウーナ》」にも恵まれていること。そして、「時代が求める《ネチェシタ》人材」であること。

これ以上は『わが友マキアヴェッリ』を読んでいただくしかないが、新法王クレメンテは、この三つの条件を満たしていたとは言えなかった。このような性格の法王に仕える立場にあったグイッチャルディーニやフランチェスコ・ヴェットーリにとっては、はなはだ仕えにくい上司であったにちがいない。マキアヴェッリに至っては過激な思想の持主と見なされ、仕官することも拒否されたのではあったが。

しかし、同じくヴェットーリ家の一人ではあっても、法王庁海軍司令官だったパオロ・ヴェットーリにとってのクレメンテは、実に仕えやすい上司であったのだ。地中海は法王に選出されてローマに来るときに初めて見たという前任者に比べれば、法王クレメンテは、地中海の現状によほど通じていたからである。時間の空費になりかねない対トルコの十字軍結成よりも、地中海沿岸に住む人々を北アフリカの海賊から守ることが先決するという考えでは、フィレンツェ生れの法王と法王庁海軍司令官は完全に一致していたからであった。

法王はパオロ・ヴェットーリを、法王庁海軍司令官の地位に加えて、法王庁海軍の駐屯港になっているチヴィタヴェッキアの港全体の責任者に任命したのである。チヴィタヴェッキアの港の完全要塞《ようさい》化が、ヴェットーリの新しい仕事になった。

チヴィタヴェッキアは、古代ローマ時代にトライアヌス帝によって開港して以来、オスティアと並ぶローマの主港として繁栄してきたのだが、中世に入って以後は他のローマ時代のインフラ同様に放置され、サラセンの海賊によるローマ進攻の前線基地にもされてきた歴史がある。サラセンの海賊への防衛でキリスト教諸国が海軍力をつけてくるにつれてチヴィタヴェッキアも昔日《せきじつ》の面影を少しずつ回復していたが、それでもなお、多数の船を収容できる規模にまでは回復していなかった。法王クレメンテの意図は、このチヴィタヴェッキアを、ティレニア海に面するイタリア半島の西側の、ジェノヴァ並みの港にすることであったのだ。北アフリカからの海賊からティレニア海を守るには、造船所を始めとする設備を持ち多くの船を収容することもできる規模の港が、絶対に必要だと思ったからだった。

こうして、チヴィタヴェッキアの港は、十六世紀前半を境に一変する。あれから五百年が過ぎた今でもなお、巨大な豪華客船が寄港できるティレニア海側のイタリアの港は、ジェノヴァとリヴォルノとチヴィタヴェッキアとナポリである。リヴォルノが港として整備されるのはこの半世紀後だが、それも大公としてトスカーナ地方全体の支配者になったメディチ家によってであった。

チヴィタヴェッキアの大改造は、工事全般の責任者であったパオロ・ヴェットーリの熱意もあって、半年という短期間で完了した。そして、まだ細部の工事が残っているという一五二三年の夏の終わり、予定されていた客人たちを迎え入れることができたのである。

この前の年に聖ヨハネ騎士団は、四ヵ月もの攻撃に耐えた後とはいえトルコに敗れ、ロードス島を去るしかなくなっていたのだが、行きどころがなかった。ひとまずはクレタ島に落ちついたのだが、クレタはヴェネツィアの領土である。敗れて島を去る騎士たちには帯刀を許し武器から何から持って去ることを認めたスルタン・スレイマンだったが、騎士団がロードス島に近いクレタ島に留まるのは望まなかったであろうし、トルコのスルタンとの良好な関係を壊したくないヴェネツィア共和国にとってはなお、騎士団は歓迎できない客であったのだ。自分も騎士団の一員であった法王クレメンテは、最終的な落ちつき先が決まるまでの間にしても、騎士団を引き取ることにしたのである。

三隻の大型ガレー船と数隻の帆船に分乗してチヴィタヴェッキアの港に入ってきた聖ヨハネ騎士団の騎士たちを、パオロ・ヴェットーリは、完成したばかりの城塞からの礼砲で迎えた。団長以下の騎士たちとも、以前にロードス島に派遣されたことのあるヴェットーリは知った仲だった。

数日後、ヴェットーリは騎士団長に、ティレニア海に出没する海賊への防衛を共同で行うことを提案した。もちろん法王クレメンテも承知の上のことだ、とつけ加える。騎士団の騎士たちとて、遊んで暮らすのでは、イスラムを敵とすることに存在理由をもつ、聖ヨハネ騎士団の騎士ではなくなると思っていたところなので、答えは決まっていた。クレタ島にいたときにはヴェネツィアによって禁じられていたことが、ここチヴィタヴェッキアでは堂々とできることになったのだ。

こうして、イスラムの海賊への防衛を旗印にかかげた、ローマ法王庁と聖ヨハネ騎士団の共闘戦線が成立した。戦力であるガレー軍船の数でも、二倍になったということになる。とは言っても、五隻ないし六隻、でしかなかったのだが、それでも、組んだ相手は、これまで長くイスラム船への海賊まがいの行為で鳴らし、本拠であったロードス島を失った今はなおのこと、トルコ憎しで燃える聖ヨハネ騎士団である。チヴィタヴェッキアを基地にする法王庁海軍の戦力は、ガレー船の数以上の強化になったのであった。その年中、トスカーナとラツィオの両地方の沿岸に近づく海賊船がなかったこと

地中海中央

が、これを実証していた。

「ユダヤ人シナム」

翌一五二四年六月、「ユダヤ人シナム」は本拠地にしていたジェルバ島を後にし、北上を開始した。「フスタ」と呼ばれる小型のガレー船にしろ、三十四隻もの海賊船団を率いてである。チュニジアの東岸を左舷《さげん》に見、シチリアの西岸を右舷にしながら北上をつづけてティレニア海に入る頃には、早くもイタリア半島のティレニア海側には警報が鳴り始めていた。それにもかかわらず、シナム率いる海賊船団は北上をつづける。

この年の目的地が、どこであったのかはわかっていない。だが、チヴィタヴェッキアではなかったことははっきりしている。なぜなら、海賊の目的は、人でも物でも奪うことにある。奪うに値する「物」などは積んでいず、「人」を奪おうにも激しく抵抗すること必定の乗組員しかいないのが軍船だ。それゆえに海賊は軍船を避け、その軍船と衝突する海戦を避けたのであり、負けると思うから避けたのではなかった。

だが、そこにこそ、海賊に対する勝機がひそんでいたのである。パオロ・ヴェットーリも、聖ヨハネ騎士団の団長も、それがわかっていた。五隻のガレー船のみでも、三十四隻に向って撃って出ると決めたのである。敵船団がモンテクリスト島とチヴィタヴェッキアを結ぶ海域に接近中との情報も入っていた。

モンテクリスト島とチヴィタヴェッキアの中間に、漁師ぐらいしか近づかない小さな島がある。先行していたガレー船の帆柱の上にいた見張りが、その島の近くを行く敵の二隻を見つけた。

ヴェットーリの乗ったガレー船と騎士団長の船の二隻が、島をまわって敵の行手に姿を現わす。同時に、他の三隻が敵船の退路を断った。五隻のガレー船と二隻のフスタでは、勝負は簡単についた。大砲は、撃つ必要さえなかった。乗っていた海賊の全員が捕虜になり、それまではキリスト教徒の漕《こ》ぎ手がつながれていた漕ぎ台に、今度は彼らがつながれて櫂《かい》を漕がされ、このままでチヴィタヴェッキアの港に引かれた。

チヴィタヴェッキア入港後、自由を回復できたキリスト教徒の漕ぎ手たちは、その大半は南イタリアの住民たちだったが、それぞれの故郷に帰って行ったのはもちろんである。

一方、海賊たちは、ひげを剃《そ》られ頭髪も剃られた丸坊主《まるぼうず》の姿にされて、牢に投げこまれた。聖ヨハネ騎士団のこれまでのやり方だが、キリスト教国のガレー船の漕ぎ手に使われる順番を、牢にいて待つというのである。

どうやら、イスラムの海賊に対するこの処遇が、翌年になって明るみに出る法王庁海軍と聖ヨハネ騎士団の共闘体制の、破綻《はたん》の発端になったのではないかと思う。

ひげを剃られ頭髪も剃られて丸坊主にされるのは、イスラム教徒の男たちにとっては大変な恥辱であったのだ。だからこそ、拉致《らち》してきたキリスト教徒の男たちを、誤った信仰をもつという理由だけで人間以下の存在と見なし、その証しとしてひげを剃り頭髪も剃った姿にして「浴場」に収容したのである。

一方、当時のキリスト教世界では、成人男子のひげの有無は、その人個人の趣味の問題でしかなかった。ために、イスラム世界との交易関係が長いヴェネツィア共和国では、オリエントに向う人の心得るべきこととして、あちらではひげがないと一人前の男と見なされないから剃らないで伸ばしておくこと、という一項を入れていたほどである。

文化のちがいに帰すしかない問題だが、万人に共通であることも可能な文明とちがって、固有であることにその特質をもつ文化は、それだけに頑固なところがある。その一事を尊重するかしないかで、同じキリスト教徒であっても分れたのである。

法王クレメンテもパオロ・ヴェットーリも、ルネサンス発生の地フィレンツェで生れ、そのリード役であったメディチ家と深いつながりをもち、後世が名づける「ルネサンス人」であった。その彼らが、十字軍思想をいまだに引きずっている聖ヨハネ騎士団のやり方に、違和感をいだいたとしても当然であったのだ。

捕虜になったからには、鎖つきであろうとなかろうと、牢獄行きはやむをえない。だが、死以上の侮辱を与えることまでは必要か、と。


海賊ガダリを捕えてピアノーザ島の牢に幽閉したのは、ジェノヴァ人のアンドレア・ドーリアであった。だが、ドーリアも、ガダリのひげを剃らせ丸坊主にして投獄したのではなかった。

そして、これは特筆に値する歴史上の現象と思うが、イスラム世界と直接なかかわりを持った当時のキリスト教諸国、イタリアでもフランスでもスペインでも法王庁でも、同時代の北アフリカには数多くあった「浴場」は、持っていなかったし持とうともしていない。イスラム教徒を捕えることはあった。だがその人々を、異教徒という理由だけで強制的に収容し奴隷《どれい》として働かせるための施設であった「浴場」は、当時のキリスト教世界のどこにも存在しなかったのである。「浴場」は、北アフリカのイスラム世界にしかなかったのだ。

だからこそキリスト教世界には、身代金《みのしろきん》をたずさえて北アフリカへ出向き、不幸な人々を「浴場」から助け出すことを目的にした「救出修道会」や「救出騎士団」の活動が、十八世紀になるまでつづけられたのである。同時代のイスラム世界には、この種の組織はまったく存在しない。身代金をたずさえての救出行にキリスト教国を訪れるイスラムの団体が一つもなかったという事実も、中世・ルネサンス・近世を通しての、キリスト教世界とイスラム世界のちがいを示す一つかと思われる。

しかし、一方では、聖ヨハネ騎士団の考え方を、無下に拒否することもできないのが当時の現実であった。

敵に勝つには、敵と同じやり方をする、という考え方である。イスラムの海賊に対しては、彼らと同じやり方をしないかぎり勝てない、というのだ。それが、一面では正しい戦法であることは、聖ヨハネ騎士団の長い歴史と、当時もなお入団志願者が絶えない現状が示していた。聖地奪還を目指した十字軍の主力がフランス人であったのと似て、聖ヨハネ騎士団でもフランスの出身者が多かったのだが。

法王庁海軍と聖ヨハネ騎士団の両軍から攻められて二隻を失った海賊「ユダヤ人シナム」のほうだが、三十四隻のうちの二隻を失ったにすぎないのである。その気になれば、残りの三十二隻を率いてチヴィタヴェッキアを急襲し、捕われた二隻を奪い返すこともできた。だが、シナムはそれをしなかった。そのまま本拠地に引き揚げたのだが、海賊である以上は手ぶらで帰るわけにはいかない。それで、帰り道にあたる南イタリアの沿岸地方を襲っては略奪し拉致しながら帰途についたのだった。

このときもまたナポリ以南に被害が集中したのは、当時の南イタリアはスペイン王カルロスの支配下にあり、スペインからナポリに派遣されてくる「副王」（vice re）に統治されていたからである。スペインの支配が、北アフリカの海賊への防衛に熱心でなかったと言うのではない。王や副王の命令で築いた監視塔（サラセンの塔）が、今でも無数に残っている。だが、「熱心」の質が、北伊や中伊と、南伊ではちがった。

前者では、海賊船団接近との報が入るや、まるで自国の空域に敵機が侵入したときにスクランブルをかけでもするかのように、ジェノヴァやチヴィタヴェッキアの港からただちに迎撃のためのガレー船が出動する。

しかし南イタリアでは、主要な都市が目的にされでもしないかぎりはそのようなことは起らない。南伊での海賊対策とは、来襲が告げられるや山地に逃げ、海賊たちが好きなかぎりをつくす間、息をひそめて隠れていることであったのだ。これが、北伊や中伊であげられなかった稼ぎの最低線は確保する、という感じで南伊が荒らされた原因であった。

というわけで手ぶらで引き揚げたわけではなかったが、それでもシナムの行動は敵前逃亡と言われても仕方なく、海賊の頭目としての彼の評判を落とすことになったのである。

どうやら海賊の世界も、実質的な成果はとぼしくともときにはキリスト教国の正規海軍と渡り合うなどして、派手なパフォーマンスを展開する必要があったようである。合理的に行動しているばかりでは、従《つ》いていく人々の胸も熱くならないという点では、海賊とて変わりはなかったのだ。この後もシナムは、海賊団の頭目ではありつづけた。しかし、北アフリカの海賊ナンバーワンの地位《ポスト》は、海賊シナムの手の内からこぼれ始めていたのである。何よりも、資金から武器弾薬に至るすべての面での大スポンサーであるトルコのスルタンが、「ユダヤ人シナム」以外の人材に注意を向け始めていた。

海賊「赤ひげ」

ハイルディーン（Khair-ad-Din）というイスラム教への改宗後の名でしか知られていない男だが、もともとはエーゲ海に浮ぶ島の一つのレスボス生れのギリシア人である。海賊が家業という一家で、海賊しか知らないで育った。若い頃は兄と組んで東地中海を荒らしていたのだが、トルコがエジプトを覇権下に収めて以後は、帝国の庭となった東地中海では仕事がなくなってしまった。ロードス島から騎士団が去って後は、ますますやることがなくなったようで、他のイスラムの海賊同様に彼ら兄弟も、仕事の場を西地中海に移したのである。兄が殺されてからは、その頃はまだ四隻のフスタしか持たない海賊団だったが、彼が頭目に収まった。

この頃より彼の名がイタリアの記録に出てくるのだが、イタリア語では「バルバロッサ」（赤ひげ）と記されるのが常になる。フランス語でもスペイン語でも発音はちがっても「赤ひげ」で、ターバンで隠された頭髪は何色であったのかは知らないが、伸びるにまかせたあごひげが赤毛であったことから生れた綽名《あだな》であったらしい。東地中海を仕事場にしていた時期に、聖ヨハネ騎士団に捕われてロードス島での牢生活を経験している。その体験が、深くも考えずにキリスト教諸国の船相手の海賊業に専念

海賊赤ひげ

していたこの男を、心底からのキリスト教嫌いに変えていた。「ユダヤ人シナム」を弱腰と非難した海賊は少なくなかったが、自分がとって代わると決めたのは、「赤ひげ」だけであったのだ。

一五二六年、パオロ・ヴェットーリが死んだ。突然の死だったが病死だった。直接の上司にあたる法王クレメンテよりも、庶民のほうが悲しんだ死であった。トスカーナやラツィオの海岸地方では、弔鐘の鳴りつづける教会に向う、人々の長い列がつづいたという。海将としてのヴェットーリの能力は、並はずれて優れていたとはとても言えなかった。だが、席のあたたまる暇もないくらいに、海賊船と聴くや何を措《お》いても出動して行った人ではあったのだ。彼のおかげでティレニア海に沿う地方が海賊から守られてきたのを、庶民でも知っていたのである。
後任には、アンドレア・ドーリアが任命された。いや、このジェノヴァ人とは、法王は、任命というより契約を交わしたのであった。

「傭兵隊長」という職業は、ヨーロッパの中世では立派に職業として成り立っていたのである。部下の兵たちを引き連れて、傭《やと》った側に立って戦闘を行う男たちを指した。

中世後期の経済力興隆の牽引車《けんいんしゃ》になったのは北伊と中伊に雨後のタケノコの如《ごと》く生れた都市国家だったが、その都市国家にも泣きどころがあった。いずれも、人口が少なかったことである。しかも、これら都市国家の構成員には経済に関係している者が多く、この人々が経済活動に専念しているほうが、共同体にとっては利益になる。つまり、慣れない武器をあつかうよりも商売に精を出しているほうがその都市国家全体の生産性が上がるということだが、それに戦闘は、常に起るわけでもなかった。それなら起ったときになって傭うほうが安上りだ、という一種の合理主義が、傭兵制度を育《はぐく》む土壌になったのである。

ゆえに、中世に発達しルネサンスの原動力になるイタリアの都市国家の発展と比例するように、傭兵制度のほうも盛んになった。陸上の戦闘屋ならば、「傭兵隊長列伝」が書ける、と思うくらいに数多い。海軍は絶対に自国の市民で固めたヴェネツィア共和国でも、陸上での戦闘では傭兵制度を活用していたのである。フィレンツェ共和国に至っては、最盛期でさえも自前の軍はまったく持たず、傭兵しか使わなかった。

陸上の戦争を請負う人は多くても海上での同業者が少なかったのは、海上では傭兵隊長もまた、陸上以上に先行投資が必要な職業であったからである。

まず、部下になる兵士を傭い、彼らの食を保証し、武装させ、武器や、ときには馬までも与える必要がある。

陸の傭兵隊長ならばこの辺りで充分だったろうが、海の傭兵隊長となると、乗せる船まで用意しなければならなかった。

海軍を常時維持することがどれだけ莫大《ばくだい》な出費を要したかは、それをつづけた唯一《ゆいいつ》の国がヴェネツィアであり、ヴェネツィア共和国にそれができたのは、強固な経済力があったからである。いかに領する地方が広くても、トルコもスペインも、常備海軍をもつよりも傭兵隊長を使うほうを選んだ。トルコの使った「海の傭兵隊長」は、もはや言うまでもないと思うが、海賊の頭目たちである。このように、傭兵隊長も海となるとより多くカネがかかってくるのだが、隊長は、そのすべてをまとめて雇用する側と契約を交わすのである。実績に基づいての隊長への報酬も加算されるのはもちろんだ。高額になるのも当然だった。

海の傭兵隊長が中世にはほとんどいず、ルネサンス盛期になってもジェノヴァ人のアンドレア・ドーリアぐらいしかいなかった理由は、中世ではアマルフィもピサもジェノヴァもヴェネツィアも、自国の市民だけで海軍を構成していたからである。ルネサンス時代に入ってもこの伝統が保持されたのはヴェネツィアだけであった。衰退して他国に吸収されたアマルフィとピサは別としても、ジェノヴァでさえも自国民だけで成る海軍は維持できなくなっていた。

経済上の理由によるのではない。ジェノヴァ国内の政情不安定がその原因だ。アンドレア・ドーリアがいかに才能豊かな海将であっても、彼の生れたドーリア一門とは反対の党派がジェノヴァの国政をにぎろうものなら、失業するだけでなく国外に亡命しなければならなかった。法王と傭兵契約を交わしたその年も、ドーリアは亡命中であったのだ。このジェノヴァの政情不安定が、アンドレア・ドーリアという海将としては屈指の人材を、傭兵隊長の道に向けた要因であった。つまり、自らの才能を開花させうる職場を、自国内に見出《みいだ》せなかったのだ。ヴェネツィア人の海の傭兵隊長が一人も存在しなかったという事実も、この辺りの事情を示しているように思われる。

このアンドレア・ドーリアが法王庁と交わした傭兵契約の、金額はわかっていない。

だが、次のことならばわかっている。

彼所有のガレー軍船六隻を引き連れてチヴィタヴェッキアに入港したアンドレア・ドーリアは、この六隻に、法王庁所有のガレー船二隻と帆船四隻を加えた海軍の総司令官に就任したのだが、ドーリアは、これでは戦力として不充分だとし、法王庁にさらに二隻のガレー船の追加を求めたのである。もちろん法王庁は、突貫工事で用立てる。さらにドーリアは、チヴィタヴェッキアに停泊している聖ヨハネ騎士団のガレー船三隻も、完全な自分の指揮下に入ることを要求した。これも受け入れられた。パオロ・ヴェットーリに死なれた法王クレメンテが、「赤ひげ」の率いる海賊船団を眼前にする想《おも》いであった様子が想像される。なにしろ彼のいとこの法王レオーネを、拉致しようとした海賊もいたのだから。

パオロ・ヴェットーリの死が一五二六年の五月の末、アンドレア・ドーリアがチヴィタヴェッキアに入港したのは六月の半ば、七月初めには早くも、ドーリアは指揮下の全船を率いてチヴィタヴェッキアを後にしていた。「赤ひげ」船団の接近を伝える報告が、次々ともたらされていたのである。

アンドレア・ドーリアはその年六十歳になっていたが、前にも述べたようにこの男は、遅いスタートもあって、同時代の男たちよりは二十歳はマイナスして考える必要がある。それに、いつもの彼のやり方だが、敵を待つことはしない。こちらから撃って出るのである。

最新の情報では、三十隻を越える赤ひげ船団は、エルバ島とピオンビーノの間の海を南下中ということだった。チヴィタヴェッキアからは北北西に位置し、しかもその敵に向うとすれば、逆風を突いて行かねばならない。並の海将ならば、城塞化したチヴィタヴェッキアの港内で待ち、順風を受けて南下してくる敵が通り過ぎるのを待ち、こちらも順風を受けて追撃する戦法を採ったろう。しかしこれでは、いつどこで方向を変えるかわからない敵に、逃げられてしまう危険があった。ドーリア直属のガレー船六隻に乗る船乗りも漕ぎ手も、逆風でも前進できる技能に長じている。そして、彼らのボスであるドーリアには、敵の享受《きようじゆ》していたプラス面でもマイナスに変えてしまう頭脳があった。ドーリアは、自ら乗る旗艦を先頭にしての、全船の北上を命じたのである。

逆風を突いて北上してくる船団の帆柱高く、白地に金糸で聖ペテロの鍵《かぎ》をぬいとりした法王旗を見た赤ひげは驚いた。パオロ・ヴェットーリの死で法王庁海軍は、しばらくは動けないと思っていたのである。不信仰のイヌどもをやっつける好機だとはわかったが、海賊にとっての海戦は、大勝でもしないかぎりトクなことはない。逃げることにしたのだが、今度は彼のほうも逆風を受けることになった。

三角帆だから逆風でも前進できるが、そのときこそ〝モーター〟である漕ぎ手たちがフルに稼働《かどう》することが不可欠になる。だが、海賊船の漕ぎ手たちは、漕ぎ手という重労働を課されているキリスト教徒たちであった。彼らも、接近してくる法王庁海軍の船を認めたのである。

誰言うともなく、櫂の動きが鈍くなった。ただちにそれに気づいた監視役の海賊が狂ったように鞭《むち》を振り降ろし始めたが、キリスト教徒の漕ぎ手たちは、歯をくいしばりながらもサボタージュをつづけた。

一方、同じく逆風を突いての前進でも、ドーリア軍と赤ひげ軍の間には、帆の操縦の技能からして格段の差がある。これに加えて、ドーリア側の漕ぎ手は、モーター全開という感じで全力で漕ぐ。両軍をへだてていた距離は縮まる一方になり、追うドーリアの船が逃げる赤ひげ船団の最後尾に達したのが、戦闘開始を告げる合図だった。あらかじめ、ドーリアが命じていたのだろう。ドーリアの六隻と聖ヨハネ騎士団の三隻は二手に分れ、左右から敵の十五隻に迫った。法王庁の四隻は後方を固めたから、赤ひげ船団の半ばまでが三方から囲まれたことになる。

このやり方では赤ひげを逃がすことになるのはわかっていたが、ドーリアは確実な戦果を選んだのだろう。赤ひげは次の機会だ、とでも思ったのかもしれない。戦場では、目標を明確にしたほうが勝つ。キリスト教側の十三隻は、イスラム側の十五隻に対して迷わなかった。そして、海賊船の漕ぎ手たちも、サボタージュを越えたストの段階に入っていたのである。

海戦と言えるほどの闘いではなかった。敵の十五隻すべてが捕獲され、乗っていた海賊の全員が捕虜になった。海賊船の漕ぎ手たちを漕ぎ台にしばりつけていた鎖が断ち切られたのは、言うまでもない。この男たちのほとんどは、放牧に出す羊や牛の見張りが仕事の、イタリア社会の下層民だった。人里離れた地が仕事場の彼らは、労働力確保を目的にした拉致では、最も狙《ねら》われやすい男たちでもあったのだ。

しかし、彼らのような社会の下層にあった人々こそが、イスラムの海賊の最大の被害者であった人々なのである。教育もない彼らには、イスラム教に改宗すれば奴隷の身から解放されるということすらも、頭に浮ばなかったのだろう。また、教育はなくても信仰心は深かったこの人々には、改宗などしようものなら待つのは地獄行き、としか考えられなかったのかもしれない。この時代になっても、第2巻の最後で詳述したボランティアの団体である「修道会」や「騎士団」による救出運動はつづいていたが、この二団体の目標も、拉致されても問題になるほどの社会的地位もなく、それゆえ当然ながら身代金を払う資力もないこの人々を、イスラムの「浴場」から救い出すことにあったのだから。

大量に捕虜にされた海賊のほうだが、牢入りは当然にしても、どのような姿で牢入りさせるかで、ドーリアと聖ヨハネ騎士団の間で意見が分れた。ひげを剃り丸坊主にすることを主張した騎士団長に対し、ドーリアは、そのままでの牢入りでよいと言ったのである。ただし、ドーリアの口からは、異文化尊重などという、現代ならば容易に耳にしそうな言葉は一言も出なかった。ターバンにひげ面《づら》のほうが、彼らだと直ちにわかるからよい、と言っただけである。そして、赤ひげがまだ徘徊《はいかい》している海を放って置くことはできないと、休む間もない再度の出港を命じたのだった。

しかし、ドーリアと赤ひげの再度の対決は、その年は起らなかった。自軍の半ばを失ってしまった赤ひげが、北アフリカへもどるほうを選んだからである。両者とも、一時の激情に左右されない点では似ていたのかもしれない。

またこの二人は、もう一つの点でも似た立場にあった。いかに直属の集団を率いる一軍の将ではあっても、それを使う側、つまり傭う側、の意向に左右されないでは済まない身であったということだ。そして、傭う側というのは、トルコやスペインやフランスという、十六世紀になって台頭してきた当時の大国であったのだった。

アンドレア・ドーリア

現代のイタリア海軍には、見た人ならば必ずその美しさに嘆声を発するにちがいない、士官候補生の訓練用の大型帆船がある。名を「アメリゴ・ヴェスプッチ」(Amerigo Vespucci) という。西暦一五〇〇年前後に、二度にわたって大西洋を横断し、アメリカが大陸であることをヨーロッパに伝えた人の名にちなむ命名だ。ジェノヴァ人のコロンブスは到達した地がインドの一部だと思いつづけたようだが、その十年後に同じ偉業を成しとげたフィレンツェ生れのヴェスプッチは、新しい大陸であることに気づいている。それでかどうかは知らないが、アメリカの名もこの人の名の「アメリゴ」からとったのだ。このように大航海時代の幕を開けた主役の一人であるところから、近代国家イタリアの海軍に所属する一隻《せき》にその名を残したとて不思議はなかった。

しかし、アメリゴ・ヴェスプッチには、未知の海に乗り出していく豪胆さは充分にあったが、海戦の経験はない。航海者ではあったが、海将ではなかったのである。

以前から練習船「アメリゴ・ヴェスプッチ」を見るたびに思ったものだった。なぜ、「アンドレア・ドーリア」と名づけないのか、と。しかし、ドーリアについて少しは知った今では、その理由がわかるような気がする。イタリア海軍史上屈指の海将ということでは、現代イタリア海軍の関係者の誰も異存はないドーリアだが、若くていまだ純粋な士官候補生たちを育む練習船の名としてはどうも、と思った人の気持もわかるのである。

とは言っても、イタリア海軍史上欠くことのできない人を、艦には人の名をつけるのが習いのイタリア海軍が放っておくはずはない。実際、アンドレア・ドーリアの名を冠した戦艦があり、現に、地中海だけでなく中東の海でも活躍している。

日本訳だと「巡洋艦」となる「incrociatore《インクロチャトーレ》」だが、大砲はもちろんミサイルも搭

帆船アメリゴ・ヴェスプッチ（上）と巡洋艦アンドレア・ドーリア（下）

載しており、護衛の艦なしでも戦闘が可能だというから、空軍に譬《たと》えれば空中戦の主役である「戦闘機」であろう。護衛艦や兵站《へいたん》用の船や病院船ではなく攻撃専門の巡洋艦であるところが、アンドレア・ドーリアにふさわしいとさえ思う。そして、これ以後の彼の生涯を追えば、士官候補生の練習船の名には適していなくても、戦闘用の艦ならば適していることが納得してもらえると思う。つまり、船腹に大きく「アンドレア・ドーリア」（ANDREA DORIA）と記された艦は、歴戦の強者《つわもの》が乗ってこそふさわしい、ということだ。

一五二六年の契約は完璧《かんぺき》に果したアンドレア・ドーリアであったから、法王庁側も、引きつづいての契約更新を望んでいたにちがいない。ドーリアのほうも当初は、法王庁海軍の司令官の地位に留まるつもりでいたようである。だが、翌一五二七年五月、歴史上「ローマの掠奪《りやくだつ》」（sacco di Roma）と呼ばれる大事件が起る。キリスト教世界の宗教上の最高指導者であるローマ法王を、キリスト教世界の俗界の最高位者である以上は法王を守る義務を誰よりも負っているはずの神聖ローマ帝国皇帝が攻撃したのだから、善良なキリスト教徒たちが、世も末だと嘆き悲しんだのも無理はなかった。

しかし、「ローマの掠奪」は、ヨーロッパ各国の力関係が、フランスとスペインの拮抗《きっこう》状態から、大きくスペイン側に傾いたことも示していたのである。カルロスは、スペイン王であると同時に神聖ローマ帝国の皇帝であり、ドイツ、オランダ、スペインに加え、イタリアの南半分まで支配下に置いている。フランス王がこのカルロスに四方八方から囲まれた想いになったのも当然で、フランソワ一世は、カルロスの勢いを阻止するのに役立つならば手段は選ばない、とまで思うようになっていた。

ちなみに、「ローマの掠奪」については、私にとっては処女作であった『ルネサンスの女たち』のイザベッラ・デステの項ですでに詳述済みなので、興味があったら御一読を、と言うしかないのだが、キリスト教世界を震駭《しんがい》させたこの大事件が、なぜ起ったかを一言で言えば次のようになる。

フランス・シンパであることを隠さなかったローマ法王クレメンテ七世を快く思わなかったカルロスが、武力をもってローマ法王に路線変更を迫ろうとして起った事件であり、そのカルロスが送ったドイツ兵を主体にした皇帝軍によって、ローマは、七日間にわたって全市が破壊され掠奪されたのであった。実際、死の前のパオロ・ヴェットーリは、クレメンテから託された秘密の書簡をもってフランスに向うことになっていたから、カルロスの疑念が誤解であったわけではない。しかし、ローマがこうむった被害がかくも大きなものになってしまったのには、ドイツ兵にはプロテスタントが多く、マルティン・ルターが堕落の都と口をきわめて非難したローマを破壊するのに、ことさらに熱が入ったためでもあった。

アンドレア・ドーリアはこの時期、おそらくチヴィタヴェッキアにいたにちがいない。ローマを襲った悲劇の外にあったことになるが、「ローマの掠奪」は、彼にも無縁ではすまなかった。彼にとっての傭い主は、ローマ法王であったのだから。その当の人は、皇帝軍に追われてカステルサンタンジェロに逃げこみ、出ることもならずにふるえる日々を送っている。そのようなときに届いたのが、フランス王からの勧誘であった。

フランソワ一世は、ピレネー山脈とライン河の両方からカルロスに迫られているという恐怖に加え、地中海側からもスペインに攻めてこられるかもしれないという怖《おそ》れで、夜も眠れない状態にあったのである。それで、前の年に赤ひげ相手に華々しい戦果をあげたドーリアに、南仏《なんふつ》の海上防衛を託す気になったのだ。傭兵料《ようへいりょう》である報酬も、法王庁よりは高額であったらしい。

まず初めに国益があり、私益はそれに次ぐ、とでもいう感じで政情が安定していたヴェネツィア共和国と比べれば、同じ時代で同じイタリア人の共和国か、と思うくらいに、ジェノヴァ共和国の歴史は内部抗争に彩《いろど》られてきた。

それは常に、有力な四家系が二派に分れて争ってきたからである。だがこの内部抗争も、十六世紀に入るとフランス派とスペイン派に分れての争いに変わる。そして四家門の一つであるドーリア一門は、フランス派に属したのである。アンドレア・ドーリアにとって、フランス王の下で働くのは、それゆえに抵抗はなかった。ローマ法王の下で働くことに将来が見出せなくなっていたドーリアは、契約更新は断わり、自船を率いてマルセーユに向ったのである。


ところが、フランソワ一世は、老いた天才には安住の地を提供すること以上の親切はないという、レオナルド・ダ・ヴィンチの想いは完璧に理解した人でありながら、アンドレア・ドーリアが必要としたことへの理解はなかったようである。

海の傭兵隊長であるドーリアにとっては、王自ら授けてくれた聖《サン》ミッシェルの勲章よりも、契約どおりの報酬を支払ってくれることのほうが重要であったのだ。船も、大砲を始めとする武器も、いつ何どきでも使用可能な状態にしておくためには、点検と整備と補充を欠くことは許されない。また、船乗り、漕ぎ手、戦闘要員としての兵士のいずれにも、港につないでいる間でも給料は払わねばならなかった。カネは、出ていくばかりであったのだ。それなのに、フランソワ一世からの支払いは、いつになっても届かない。いかにジェノヴァ有数の名門でも、ドーリア個人で負担できる期間には限りがあった。

マルセーユの港でドーリアは、態度を決める必要に迫られていたのである。その彼の頭の中には、カネの遅れに加えて、祖国ジェノヴァの運命までが去来していた。

ヴェネツィア共和国のように一人立ちできる力はもはやないジェノヴァの将来は、大国に身を寄せることにしかない。身を寄せるとすれば、この時代ではフランスかそれともスペインか、しかなかった。これまでのドーリアならばフランスと組むのが自然な選択だが、果してフランスは、そこまで頼りにできるのか。それとも、若いカルロスの下で台頭一方のスペインの傘下《さんか》に入るほうが、ジェノヴァのためにも、そして何よりも自分のためにも、適した選択ではないだろうか、と。

翌一五二八年春、ヨーロッパ各国の宮廷を、一つのニュースが駆けまわった。アンドレア・ドーリア、皇帝カルロスの海軍総司令官に就任、という知らせである。

法王の海軍の司令官であった人が、その法王を攻めた皇帝に乗り換えたというだけでもスキャンダルだが、フランス王との契約期間も終わっていないのに、そのフランス王とは敵対関係にあるスペインの王に乗り換えたというのだから、これ以上のスキャンダルはなかったのである。フランソワ一世の傭兵料未支払いを知っている人も多かったが、一国の君主に対してそのようなことで不満をいだくことは許されない、というのも、当時では一般的な考え方であったのだった。

しかし、ドーリアは、そのような評判は歯牙《しが》にもかけなかった。そして、カルロスは、この〝寝返り〟に、最高の礼で報いたのである。


まず第一に、アンドレア・ドーリアにはメルフィの領土と、メルフィ公爵《こうしゃく》という称号を与えた。メルフィとは南イタリアの山岳地帯にある小さな町とその周辺に広がる一帯だが、海運と通商で大を成した都市国家ジェノヴァの市人であるドーリアも、封建制そのものの領主になったということだった。

そしてカルロスは、ドーリアを、スペイン海軍の総司令官に任命した。陸上では傭兵隊長が総司令官になった例はあったが、海上では初めてである。ただし、スペイン海軍と言っても、スペイン人には海運の伝統がない。ドーリアが率いてくる彼自前の船隊が、主戦力にならざるをえなかった。

そして、第三にくるこの項が最も重要であったのだが、ドーリアがスペイン王下で働きつづけるかぎり、スペイン王カルロスは、ジェノヴァが他の国からの侵略を受けた場合には、スペイン軍を送ってでも防衛する、と確約したのである。スペインとジェノヴァは、安全保障条約を結んだ国同士、ということになった。

これを傭兵契約の項目に入れることを固執したというのだから、アンドレア・ドーリアも、彼なりにしろ愛国者ではあったのだ。

一方、赤ひげのほうも、この間に立場が激変していた。

「赤ひげ」の綽名《あだな》のほうで地中海史に残るハイルディーンという名の海賊は、ギリシア正教徒であったはずなのに改宗してイスラム教徒になったという境遇によるのか、それとも彼の個人的な才能によるのか、数多くの他の同僚たちとはちがった考え方をする男であったようである。

まず、彼以外の海賊の頭目たちのように、キリスト教諸国から物を奪い人を拉致してくるだけでは満足しなかった。また、海賊の頭目たちが憧《あこが》れるトルコの正規海軍の総司令官の地位も、トルコのスルタンが授与してくれるまで待つようなことはしなかった。スカウトされるのを待つのではなく、彼のほうから売りこむのである。もちろん、こちらから売りこむのだから、それにふさわしい実績が必要になる。アンドレア・ドーリアにやられた年から一五三〇年までの三年間は、その実績を積むのに費やされた。

何よりも先決したのは、半分にまで減ってしまった配下の船と人を、もとどおりの戦力にもどすことである。これは、簡単にできることではなかった。敗北を喫した海賊に対しては融資する人も減るし、負けたボスの下でもなお働きたいと思う海賊は多くない。この困難な状態を切り抜けることができたというのだから、赤ひげは、単に腕力が強かっただけでなく、懐柔《かいじゅう》力にも優れていたのかもしれない。

これまでの北アフリカの海賊たちが、このような場合の打開策にしていたのは、再度北上してキリスト教諸国で海賊業に専念し、それによって物と人を売って得た収益で、減少した戦力を回復するというやり方であったのだ。だが、この時期の赤ひげには、その手は使えなかった。

アンドレア・ドーリアが赤ひげ相手にあげた勝利は、フランス王やスペイン王の注意を引いたくらいだから、地中海周辺にはたちまち広がったニュースなのである。このドーリアに、戦力半減の状態で再び挑戦するのは愚行以外の何ものでもない。ゆえに、それは試みないとしても、ドーリアの勝利は、地中海北岸一帯の小領主や庶民たちにさえ元気を与えていたのである。逃げることしか考えなかった以前とはちがって、上陸してくる海賊に敢然と立ち向って行くようになったのだ。こうなると、たとえ成功したとしてもリスクは高くなる。正規の海軍ならば味方の犠牲にも耐えるが、海賊は耐えない。手っ取り早く稼げるしリスクも低いから、海賊をしているのである。というわけで、アンドレア・ドーリアが眼を光らせているかぎり、キリスト教諸国への海賊行もむずかしくなっていたのである。

ならば赤ひげは、配下の船と人の再建とその維持を、何をやることで達成しようとしたのか。

北アフリカの港を本拠地にしているイスラムの海賊たちにとって、同じ北アフリカの他の港町を攻めるなどは、やってはならないことであった。イスラム教徒がイスラム教徒を攻めることになるからである。それに、チュニスやアルジェの「首長」の地位にはアラブ人か北アフリカの現地人であるムーア人が就いている場合がほとんどだったが、海賊の頭目に本拠地を置く許可を与えているのは彼らなのであった。海賊たちもその代償として、収益の五分の一を上納してきたのである。

北アフリカで長くつづいてきたこの慣習を、赤ひげは無視したのだ。北アフリカが、まだ、イスラム教徒の土地ではあってもトルコ帝国の領土ではないことに、赤ひげは、自らの野望の達成を見たのだった。

あからさまに武力を使っての脅しか、裏から策略をめぐらせての現首長追い落しかは、その地方ごとにちがってはいた。だが、こうして赤ひげは、アルジェからチュニスまでの主要な港町の、実質上の支配者に成り上ったのである。そして、この作戦の最後の仕上げは、アルジェの港を出たところにそびえ立つ、「エル・ペノン」からのスペイン勢の一掃であった。スペイン王が占拠しスペイン兵の一隊が常駐しているこの城塞は、イスラム教徒であるアルジェの住民にとっては、「不信仰のイヌどものねぐら」であり、それゆえに「恥」であったからだった。

赤ひげには、常には海賊の頭目をやっていても、ときには正規軍の将のように振舞うときがある。「エル・ペノン」攻略に際しての彼は、トルコ帝国軍の将でもあるかのように行動した。

まず、城代のバルガスに使節を送り、平和裡《り》での開城を勧めたのである。だが、スペインの騎士から返ってきた回答は明快だった。

「スペイン王の旗がひるがえるかぎり、城塞《じょうさい》内に一人でもスペインの兵が生き残っているかぎり、開城などは論外である」

一五三〇年五月、「エル・ペノン」前の海上を埋めた三十隻のガレー船から、大砲が火を噴いたのが合図だった。砲撃は十日の間つづいた。間断なくつづいた砲撃で崩れ落ちた城壁に、赤ひげ配下の一千の海賊がとりつく。防衛側も、絶望的な状態になっても抵抗をやめなかった。その五日後、イスラムの地でのスペインの砦《とりで》は落城したのである。生き残ったのは、重傷を負っていたバルガスと、数人でしかなかった。捕虜たちは傷の手当てもされず、そのまま「浴場」に投げこまれた。

赤ひげは、バルガスには、キリスト教からの改宗を勧めた。イスラム教徒になれば死なずにすむ、と言って。スペインの騎士は、笑っただけだった。赤ひげの命令で、騎士は首をかき切られた後で海に投げこまれた。赤ひげは、「エル・ペノン」の完全な破壊を命じた。アルジェの人々が、以後二度と「恥」を眼にしないでも済むための処置であった。

その年の赤ひげは、この成功後も休まなかった。配下の海賊たちを引き連れて、スペイン西部の都市バレンシアを急襲したのである。王の居城がありアンドレア・ドーリアの駐在先でもある、バルセロナまでは行かなかった。しかし、その南のバレンシア一帯で、白昼堂々の海賊行を展開して見せたのである。スペイン王カルロスは、完全に不意を突かれ、防衛軍の派遣が本格化する前に早くも、多くの大砲と美しい女たちを奪われた形になった。

アルジェに凱旋《がいせん》した赤ひげは、特別に船を仕立て、それに奪った大砲と美女たちを乗せてコンスタンティノープルに送り出した。トルコのスルタンへの献上品である。だが、スレイマンが最も喜んだ贈物は、オランからアルジェを通ってチュニスに至るまでの北アフリカ一帯であった。赤ひげは、自力で奪い取った地方を、トルコのスルタンに献上したのである。これでトルコ帝国も、自軍の兵は一兵も使わずに、北アフリカ一帯を統治下に加えたことになった。エジプトは、スルタン自ら率いた軍が征服したことでトルコ帝国領になったが、チュニジアとアルジェリアは、海賊が献上したからトルコ領になったのである。

赤ひげの投資は、無駄にはならなかった。帝国の首都コンスタンティノープルに招かれた海賊を、スルタン・スレイマンは、「トルコ帝国海軍での最高に武勇に優れた海将」と言って迎えた。そして、その場で赤ひげに、「アミール」の称号を与えたのである。

「アミール」(amir) とは、アラビア語では「司令官」も意味し、「海軍」を意味する「al-bahr」と合体して、「海軍司令官」を意味する言葉になる。これがイタリア語になると「アミラーリオ」(ammiraglio) となり、英語になると「アドミラル」(admiral) だから、海賊赤ひげは、「海軍提督」という公式の地位まで得たことになった。

ならば赤ひげの売り込みは完璧に成功したのか、と言われれば、半ばまで成功した、と答えるしかない。スレイマンは、「法の人」と評されるのを好んだ専制君主である。赤ひげを海軍提督にはしたが、正規の海軍でなければならないトルコ海軍の総司令官にする気まではなかったのだ。海賊赤ひげにはまだ、実績を積んでそれを示す必要があったのだった。

しかしスレイマンは、赤ひげを活用することの利益はわかっていた。それで海軍提督にした赤ひげを、再び西地中海に送り出したのである。赤ひげを対キリスト教世界の最前線に送り出すことをスレイマンに決意させた裏には、まさにこの年、八年間にわたって落ちつき先を見出せずに各地を放浪していた聖ヨハネ騎士団が、ついにマルタ島に居を定めたということがあった。

マルタ島を騎士団に贈ったのはスペイン王カルロスだが、彼もまた、落ちつき先を見つけられないでいた騎士団に同情したからではない。マルタ島は、シチリアの南はるかな海上に浮ぶ島で、前方にはリビアを、右方にはチュニジアを見すえる位置にある。神聖ローマ帝国皇帝でもあるカルロスは、十字軍時代からイスラム憎しでつづいてきた聖ヨハネ騎士団を、対イスラムの最前線に配置したのである。聖ヨハネ騎士団は、ロードス島を本拠にしていた時代は「ロードス騎士団」と呼ばれていたが、これ以後は、「マルタ騎士団」が通称になっていく。

地中海世界は海を中にして、八百年もの歳月、アラブ人の主導するイスラム世界とキリスト教の世界に分れて対決してきた長い歴史をもつ。だがこれからは、トルコの主導するイスラム世界とキリスト教のヨーロッパ諸国の対決になる。とはいえ、イスラム教とキリスト教の対決の図としては少しも変わらない。イスラム側とて、緑の地に白の半月であったのが、赤の地に白の半月に代わっただけであったのだから。

スレイマンとカルロス

スレイマンの野望は、キリスト教世界であるヨーロッパ全域を、オスマン・トルコ帝国の属領にし、トルコ主導の「イスラムの家」にすることにあった。

強大国の最高権力者になって、領土拡大の魅力に抗しきれた人はほとんどいない。唯一の例外は、ユリウス・カエサル、アウグストゥス、ティベリウスとつづいた古代ローマ帝国だろう。征服はここまで、後は帝国内の充実、という考えは、あまりにまっとうな考えであるためか、「全権力が集中するただ一人」になった人にとっては、魅力が無さすぎるのかもしれない。「法の人」と評されるのを好んだスレイマンも、その「法」を定めるのは、彼でなければならないのであった。

また、狂信的なところはまったくなかったスレイマンだが、イスラム教徒ではある。コーランでは、「イスラムの家」の拡大を、イスラム教徒の責務であると説いている。大国の主《あるじ》としては当然の領土拡大欲は、こうして、敬虔《けいけん》なイスラム教徒の責務とも合致するのであった。

それで、このスレイマンと対決することになったカルロスだが、キリスト教世界を守る目的で創設された、神聖ローマ帝国の皇帝である。父方からはドイツを母方からはスペインを相続したので生れながらの大国の主《あるじ》であったが、それで満足する男ではなかった。北はオランダ、南はイタリアにと、支配圏を広げるのに執着しつづけた君主でもある。四十年もつづいた治世の大半は馬上で過ごした、と自ら語ったほどで、彼もまた、帝国内の充実などは考えもしない君主であった。

このカルロスは、信ずる宗教の教えることに忠実であったという点でも、スレイマンにまったく劣らない。すでにキリスト教化しているヨーロッパでは、征服した地のキリスト教化までは必要でなかったが、当時植民地化が進行中の南アメリカで、そのキリスト教化に中心的な役割を果したのはスペイン人の宣教師たちである。キリスト教も、真の教えを知らない人々にそれを説くことで救済するのを、キリスト教者の尊い責務としていたからである。

この、非宗教的な立場からすれば、「どっちもどっち」と言うしかない当時の二人の最高権力者が、ついに正面から激突することになったのが、西暦一五三二年であったのだ。

先に手を出したのは、スレイマンだった。大軍を送った陸側では、すでにトルコ帝国の属州にしているバルカン地方を通ってドナウ河に達し、ウィーンの攻略に着手する。皇帝カルロスの領土を、直撃したことになった。

海側では、八十隻のガレー軍船を地中海に送り出した。ただし、このトルコ正規海軍の総指揮には、すでにパシャの称号をもっていたオマル・アリを任命している。「パシャ」とは地方総督を務めた人に与えられる称号で、正規の海軍であるからには、トルコ政府の高官という、公式な地位をもつ人を任命したのである。海戦の経験はなかった人らしいが、アルジェにいる赤ひげは声もかけられなかった。

迎え撃つ側になったカルロスだが、陸側での迎撃は、ハンガリー王でもある弟のフェルディナンドが担当する。海側を任されたのは、アンドレア・ドーリアであった。

これはもう、トルコとスペインの対決ではない。トルコ主導のイスラム軍と、スペイン主導のキリスト教軍の対決なのである。ドーリアの率いるキリスト教海軍は、純戦力であるガレー軍船の数だけでも三十八隻だったが、内実は多国籍軍そのものだった。

ドーリアのいとこでその後任になっていた、アントニオ・ドーリア率いる法王庁海軍の十二隻。マルタ騎士団からの四隻。そしてドーリア自前の六隻に、スペイン、ジェノヴァ、シチリア、ナポリから参加する十六隻が加わっての、総計三十八隻である。スペイン本国からの船が少ないのにこれでもスペイン海軍か、と思うかもしれないが、ジェノヴァもシチリアもナポリも当時はスペイン王の支配下にあったので、カルロスにしてみれば、立派に自国の海軍なのである。

この三十八隻のガレー軍船に、小型の帆船五十五隻が加わる。砲丸から弾薬、補充の武器から武装、そして食糧等々を積んでいくための船で、今で言えば「兵站《ロジスティクス》」面を担当していた。

コンスタンティノープルを発《た》ったトルコ海軍は、エーゲ海を通って西に向ってくるのである。それを迎え撃つのは、いつ、どこで、はまったくわからない。ゆえにどれほどの期間、敵を探しながら海上を行かねばならないかも想定できない。それに、兵《ひょう》糧《ろう》補給に寄港できる港も見出せない、敵側の海域にまで入る必要もあるかもしれないのだった。

「ローマ軍は兵站でも勝つ」と言ってもよいくらいであったのが古代のローマ軍団だ

が、あれから一千年以上が過ぎた十六世紀、「ロジスティクス」の重要性を理解していたのは、ヴェネツィア海軍を除けば、当時ではアンドレア・ドーリア一人ではなかったかと思う。だからこそ、トルコの八十隻に向ってその半ばの戦力でも出陣せよとのカルロスの命令にも、ほぼ同数の帆船も同行させることが受け容《い》れられて初めて、頭を縦に振ったのである。アンドレア・ドーリアにとって、玉砕くらい無縁なものはないのだった。

それに比べてトルコ海軍は、「兵站」の概念となるとすこぶる希薄だった。海運民族でも交易民族でもあったためしのないトルコ人にとっては、強奪であろうとカネを払っての調達であろうと、現地調達のほうがやり慣れた方法であったのだ。この方法は、トルコの領土で三方を囲みこんだ形の東地中海では通用した。だが、この年のトルコ海軍は、地中海の西方に進攻しようとしていたのである。

アンドレア・ドーリアが全船を率いてメッシーナを発ったのは、八月の初めだった。オマル・パシャ率いるトルコ海軍が、エーゲ海を南下しイオニア海に入ったという知らせを受けたからである。そのイオニア海でトルコ海軍に追いつき、海戦にもって行きたかった。どこかの湾内にでも入りこまれてしまう前に、海上で勝負を決したかっ

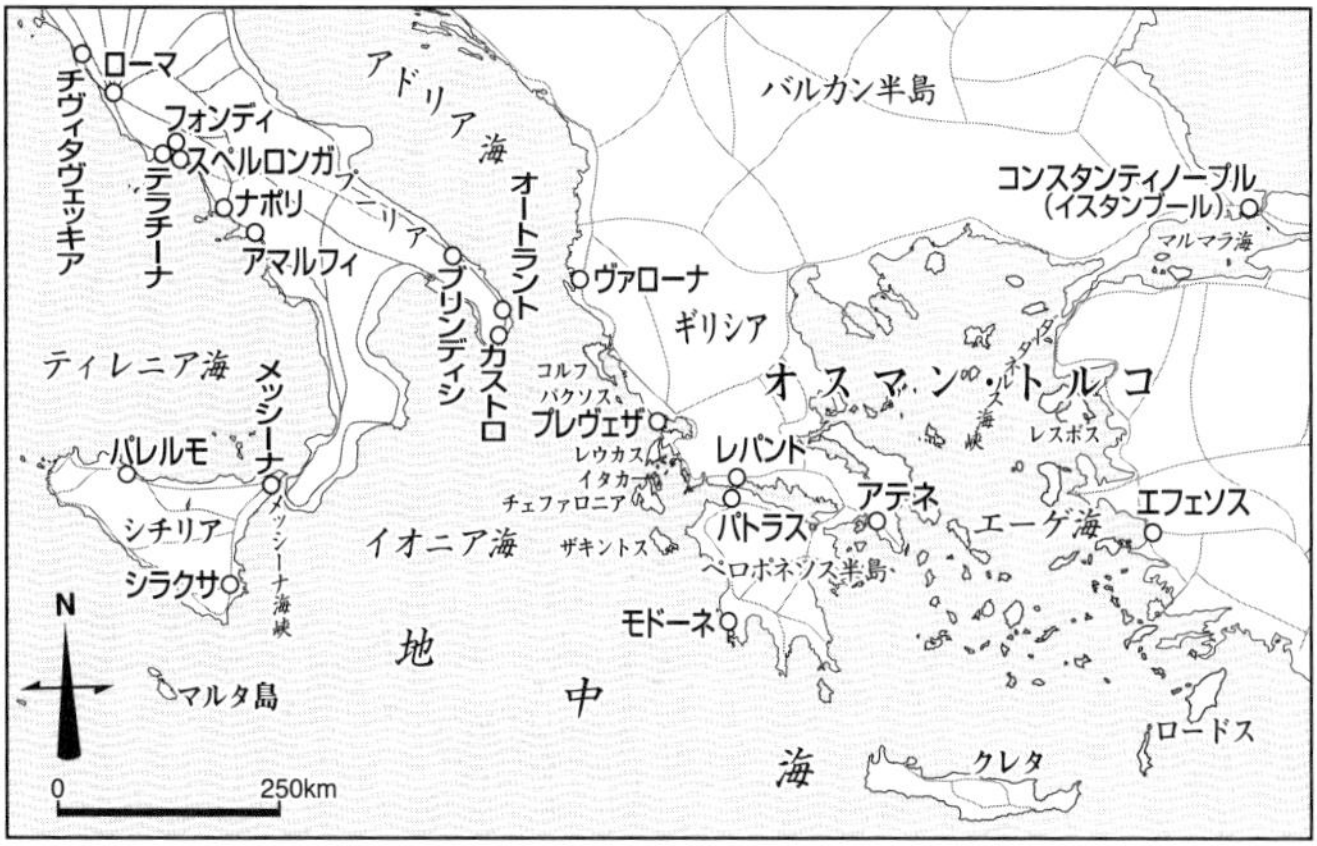

イオニア海・エーゲ海周辺

たのだ。

　ドーリアは、ギリシアとイタリアの間に広がるイオニア海で、トルコ海軍に安全な停泊を保証できる地はプレヴェザの湾内だと見る。船団が停泊できる港は他にも多かったが、コルフ島を始めとする島々は、ヴェネツィア共和国の領土になっている。この時期ヴェネツィアは、トルコとの間に友好通商条約を結んでいたが、通商を友好的に行う関係にあるということであって、軍事をふくむ同盟関係ではない。要するに、ヴェネツィアの立場は中立であり、トルコ海軍の寄港を許し、兵糧の補充にも力を貸さねばならない義務まではなかった。

　そのイオニア海域で、すでにトルコ下に

入っているギリシア本土と陸つづきなのが、レパントでありプレヴェザであったのだ。だが、レパントのあるパトラスの湾は、まず広すぎ、しかもその湾を出たすぐ前に、ヴェネツィア領のチェファロニア島が控えている。一方、プレヴェザのほうは、艦隊が隠れこむのにちょうど良い広さの湾で、その出入りもヴェネツィアの監視の外でできる。それでドーリアは、敵はプレヴェザを目指す、と見たのだが、実際オマル・パシャもプレヴェザに向っていたのだった。兵糧を補給する必要のためか、それとも、キリスト教側の出方を見るためであったのかはわかっていない。

ドーリアは、東から来るトルコ海軍に西から迫るのではなく、北にまわって北上してくる敵を迎え撃つことにした。広い海域で海戦を挑むのでは、敵の退路を断つのがより困難になるからである。

オマル・パシャは、今風に言えばシビリアンだった。文官が軍を率いることになった場合にしばしば起る現象だが、必要以上に強気になるか、必要以上に弱気になるか、のどちらかになりやすい。プレヴェザは、眼と鼻の先にあった。そして、純戦力としてのガレー船の数ならば、こちらの八十隻に対し敵は三十八隻である。また、アンドレア・ドーリアは、北アフリカの海賊の間では勇名を馳《は》せていても、トルコ帝国の首都のコンスタンティノープルでは、まだ知られた名ではなかった。

それなのにオマル・パシャは、全船に撤退を命じたのである。これまで逆風で来たのがUターンすれば順風に変わるのだから、それがトルコ海軍の司令官に撤退を決意させたのかもしれなかった。

もちろん、ドーリアは追う。こちらも順風だが、櫂《かい》という〝モーター〟もフルに使っての追跡だった。パトラス湾に逃げこまれない前に、追いつきたかったのである。


だが、トルコ海軍は、左に舵《かじ》を切ればパトラスの湾だということなど頭にも浮んでこないのか、ただひたすらに南下をつづける。ドーリアは、この先にはトルコ海軍が逃げこめる湾はないことがはっきりした時点で、追跡の速度を落とさせた。いつ敵が、絶望のあまりにしても、逃げるのをやめて攻撃してくるやもしれないと、自軍の船乗りや漕《こ》ぎ手を疲労させすぎるのを嫌ったのだ。だが、速度を落としても追跡はつづけただけでなく、七隻のガレー船を別動隊にし、彼らだけには全速力での追跡を命じた。ただし、敵が振り返って攻勢に出て来ようものならただちに逃げ帰れ、との命令は与えて。

ドーリアも、トルコ帝国が鳴りもの入りで送り出した正規の海軍が、ひたすら逃げるだけとは想像もしていなかった。だが、想像していなかったことが起っていた。後を追っていた七隻のうちの四隻が、トルコ海軍はエーゲ海の島のどこにも寄らず、ダーダネルス海峡目指して一路北上中、という情報をもってもどってきた。そして数日後、残りの三隻が、ダーダネルス海峡も通りぬけたトルコ海軍は、マルマラ海を通ってコンスタンティノープルに向っているという、情報とともにもどってきたのである。

九月に入っていた。アンドレア・ドーリアは、年内はトルコ海軍の出動はない、と判断したのである。だが、一戦も交じえないで帰ったのでは、傭兵隊長でもある彼の実績には不充分だ。それに、九月に入ったばかりで、地中海ではまだ航海には適した季節だった。また、トルコ海軍が逃げ去った海を、活用しないという手もなかったのである。ペロポネソス半島の南端に位置し、この時期はトルコのものになっていたモドーネの城塞を奪回することにしたのである。

九月二十一日、イタリア人とスペイン人から成る陸上部隊が上陸し、陸と海の双方からの攻撃が始まった。城塞には、三百人のトルコ兵が詰めていたが、二日後には降伏した。城塞の塔高く、聖ペテロの鍵《かぎ》と、マルタの十字と、神聖ローマ帝国の鷲《わし》の三本の旗がひるがえる。その年のドーリアが率いていたのが、法王庁海軍とマルタ騎士団とカルロスの船であったからだ。

降伏したトルコ兵たちを、ドーリアは、イスラム教徒と同じやり方はしない、と言い、全員に即時の退去を命じただけだった。攻略したばかりの城塞には、一千のスペイン兵を残して防衛にあたらせることにした。

この後もドーリアは、敵に出会う危険のまったくないこの年を、活用しきると決めたようであった。モドーネを落とした後は、北上してパトラスの湾に入ったのである。この湾にあるトルコの基地、レパントを攻略するためだった。ここには二千のトルコ兵が詰めていたが、海陸双方からの攻撃に耐えられたのも二日の間でしかなかった。その二千がそのまま捕虜になったというのだから、モドーネでのドーリアの捕虜への穏健な対処が、レパントにも伝わっていたのかもしれない。ただし、レパント近くの岬の上にそびえ立つ、もう一つの城塞を落とすのには七日を要した。迎え撃ったトルコの一隊が、勇猛で知られるイェニチェリ軍団の兵士で固められていたからである。だが、ここも落ちたからには、広いパトラス湾も、トルコ船に安全な寄港を保証できる海ではなくなった。

こうして、ヴェネツィアが領する島々も加えれば、イオニア海全域はキリスト教側の海になったことになる。ドーリアが率いていた海軍が解散し、それぞれの国に引き揚げて行ったのは、秋も終わる頃になっていた。

一五三二年は、こうして、トルコ帝国にとってはこれ以上のマイナスな年はないという年になった。

陸側では、ハンガリー王が敢闘したためにウィーンの包囲を解かざるをえなかったし、海側では、ひたすら逃げた、で終わってしまったからである。ウィーンからコンスタンティノープルにもどって来たスルタン・スレイマンは、自ら軍を率いていながらの撤退に機嫌を悪くしていたこともあって、許しを乞《こ》いに来たオマル・パシャを散々に怒鳴りつけた後で解任した。後任に任命したのはルフティ・ベイだが、この人も、統治の経験はあっても海戦の経験はない文官である。スレイマンは宮廷の流儀ならば完璧なこの男に、翌春には海軍を率い、キリスト教徒に雪辱せよ、と厳命した。ルフティ・ベイには、海軍再編成の必要さえもなかった。オマル・パシャはただただ逃げたのだから、船は一隻も失わず、船乗りの補充も必要でなかったからである。

翌一五三三年の春、ルフティ・ベイは、前年よりは十隻増した九十隻のガレー船を率いてコンスタンティノープルを後にした。官僚の出身だけに、上司であるスルタンが喜ぶことをまずやると決める。前年に失っていたモドーネとレパントの城塞を奪い返せば、自分の地位も安泰だと考えたのだろう。この男の計算には、海戦は入っていなかった。

六月初め、モドーネ前の海上に到着したトルコ海軍は、早速攻撃を開始する。守るは一千の兵だから攻略も簡単に行くと思っていたが、抵抗は予想に反してしぶとかった。トルコとスペインはこの時期の二大強国であったが、両国とも陸軍が強かったのである。

奪い返しに来るというトルコ側の出方は、アンドレア・ドーリアも予想していた。その折のモドーネ救援の必要も予想していたので、カルロスの許可もとってあり、六十二隻《せき》のガレー船に輸送用の三十隻の帆船の出陣準備もできていたのである。それを率いて、イオニア海に向った。とはいえ、百隻近くもの大船団では船足をそろえることはむずかしい。それで、ジェノヴァ船を先行させ、必ず救援に行くとの手紙をもたせてモドーネに送った。防衛の兵士たちも救援近しと知れば、勇気をふるって防戦にはげむからだ。希望をもたせるのも、司令官の大切な任務の一つである。一週間が過ぎたが、城塞は持ちこたえていた。

モドーネの城塞攻撃しか頭になかったらしいルフティ・ベイは、突然背後に現われたドーリア艦隊を見て仰天した。冷静に考えれば、六十二隻の敵に対しこちらは九十隻である。だが、冷静さを完全に失ってしまったトルコ海軍の司令官は、逃げることしか考えなくなっていた。この年もまた、トルコの正規海軍は、ただひたすらに逃げたのである。そしてドーリアもこの年は、これ以上は追わなかった。カルロスから、ヴェネツィア共和国に利することはしなくてよい、という密命も与えられていたからである。それでその年は、ドーリア艦隊の船も人も、前年よりはよほど早く帰港できたのであった。

逃げ帰ったルフティ・ベイを迎えたスレイマンは、もはや怒るよりも絶望していた。二年つづけて、トルコの高官に率いさせて送り出したトルコの正規海軍が、二度とも戦闘もせずに逃げ帰ってきたのである。ここはもう、文官ではなく武官を登用するしかないとわかったが、トルコは陸軍国であっても、海軍国であったためしはない。海上戦のプロである海軍軍人がいないことが、トルコの泣きどころなのである。それでスレイマンほどの人でも、プロの海将となると海賊しか頭に浮んでこないのであった。

スルタンからの招聘状《しょうへいじょう》を持った使節を乗せたトルコ船が、アルジェに向ってコンスタンティノープルを発った。

赤ひげ、トルコ海軍総司令官に

ついに赤ひげは、待ち望んでいたものを獲得したのである。トルコ帝国内では二級視されているギリシア人として生れ、それも改宗して間もないイスラム教徒で海賊しかやってこなかった男が、トルコの正規海軍の総司令官になったのだ。一軍の将という意味の提督ならば他にもいたが、総司令官は一人である。スルタン自ら任命するゆえ首都に来られたし、と書かれた招聘状を手にした赤ひげの喜びは想像も容易だが、何を措《お》いても馳せ参じる、ということはしなかったのも彼だった。

海賊業であろうと、その世界で大を成す人は組織力にも秀《ひい》でているらしい。それに赤ひげは、彼を登用すると決めたスレイマンの意図を完璧に理解していた。

赤ひげがまずやったことは、北アフリカ全域から海賊の頭目たちを、彼のいるアルジェに召集したことである。ユダヤ人シナムのような先輩格もいたが、頭目たちの多くは赤ひげの部下であった男たちで、アルジェとチュニスを手中に収めた後で赤ひげが、言ってみれば〝のれん分け〟をして独立させた海賊たちであった。

アルジェに集まった彼らを前にして、赤ひげは言った。個々別々でよいから、西地中海域での海賊行為を活発化すること。つまり、戦線の拡散化を命じたのだ。相手はアンドレア・ドーリア一人。西地中海の各地で同時に攻勢をかければ、ドーリアとてフォローは不可能だ、というわけである。自分がコンスタンティノープルに行っている間これに専念してくれと言うのだから、後方攪乱《かくらん》を目的とした作戦以外の何ものでもなかった。


そして赤ひげは、こうも言ったのだ。

もはや自分は海賊のトップではなくトルコの正規海軍のトップである以上は、お前たちのやる行為もトルコ帝国の戦略に沿ったものである、と。

海賊たちをそれぞれの本拠地に帰して赤ひげもようやくコンスタンティノープルに発《た》てることになったのだが、直行しないで寄り道をすることにした。トルコのスルタンの宮廷には慣例があり、スルタンに招《よ》ばれた家臣は、献上品をたずさえて参上するのが不文律になっている。赤ひげもその慣例に従うことにしたのだが、その「品」というのが、いかにも海賊らしい献上品であったのだ。

ミケランジェロの友人でもあり、アンドレア・ドーリアの見事な肖像画を描いたことでも知られていた画家が、ヴェネツィア生れのセバスティアーノ・デル・ピオンボである。肖像画家としては当時大変に有名であったのは、多くの人の依頼が彼に殺到したことからもわかる。それでこの人の作品には当時の有名人を描いたものが多いのだが、その一つが、イタリア一の美女と評判だったジュリア・ゴンザーガの肖像画だった。マントヴァの領主ゴンザーガ一門に生れ、オルシーニと並ぶローマの有力貴族のコロンナ家に嫁いだが、若くして未亡人になった女人である。

ジュリア・ゴンザーガ

赤ひげがこの肖像画を直接に見たはずはないので、コロンナ家の若き未亡人が絶世の美女であることは、人伝《ひとづ》てに聴いていたのかもしれない。いずれにしても、この美女を拉致《らち》してスルタンへの献上品にする、と決めたのである。また、どのようにして探ったのかは不明だが、イタリア一の美女はその頃、フォンディにあるコロンナ家の城に滞在中ということも探りあてた。

フォンディは、ローマから南伊に向って走るアッピア街道に沿う小さな村だが、ローマからテラチーナまではほとんど一直線に南下してきたアッピアも、テラチーナからは内陸部に入る。フォンディはそこにあるので、海沿いの村というわけではなく、ゆえに海賊の心配もない。それに、中世前期はイタリア半島の奥深くにまでサラセンの海賊が襲来してきたのも珍しくはなかったが、その後はイタリア各国の海軍力も強化され、ゆえに海賊の上陸も、以前と比べれば相当に減少していたのである。それなのに赤ひげは、上陸作戦を強行しようというのであった。

闇夜《やみよ》を待って、小舟に分乗した赤ひげと配下の海賊たちは、スペルロンガの海岸に接近した。上陸地点にスペルロンガを選んだのは、この海岸には古代ローマの皇帝テイベリウスの別邸の遺跡があり、そこに舟を隠しておけば人目に立つ危険が少なかったからである。上陸する前に赤ひげは、部下たちに厳命した。目的は女一人の拉致だけで、他の物にも人にも眼をくれるな、と。

フォンディの村は、暗闇の中に沈んでいて、赤ひげと部下たちの潜入に気づいた者はいなかった。城も、すぐにわかった。円筒形の塔が四隅を固めるその城のほかは、周囲は低い家並ばかりであったからだ。

赤ひげと配下の海賊たちは、フォンディが小さな村にすぎないのを見て強行策に出た。城門の前で小銃を撃ちまくれば、城内にいる人々も恐怖に駆られて城門を開ける、と思ったのだ。ところが、開いたのは裏門のほうで、そこからは馬に乗った女が走り抜けていた。就眠中のこととて白い寝衣に頭髪も解き流した姿で、女は一目散に逃げ去ったのであった。

赤ひげは、イタリア・ルネサンス時代の女たちが、美しいだけでなく勇気もあることを知らなかったのである。また、イスラム世界の女とはちがって、馬で山野を疾駆するなど朝飯前という、気丈な女も珍しくはないことも知らなかったのだ。「ヴィラーゴ」（virago）とは「男まさりの女」を意味するイタリア語だが、この言葉は当時、男の側からの女への賞讃《しょうさん》の言葉であったのだった。

腹立ちまぎれに村中の家々を焼打ちにはしたが、目的を遂げられなかった以上は引き揚げるしかない。というわけで、トルコのスルタンのもとに参上した赤ひげが、代わりに何を献上したのかは知られていないが、イタリア一の美女を手みやげにすることは実現しなかったのである。


それにしても、正規の海軍の総司令官が、手みやげに考えていたのが拉致者であったということくらい、当時のトルコ帝国海軍の性質を示すこともなかった。なにしろトルコ帝国は、正規の海軍の総司令官に任命したからには海賊業から足を洗え、とは言っていないのだ。それどころか、海賊行為は後方攪乱作戦でもあるのだから、ますますそれに力をつくしてくれ、と言っているのである。赤ひげの総司令官就任の報が、地中海に面する国々の宮廷を駆けまわったのも当然であった。

そして赤ひげも、スルタンによる総司令官への抜擢《ばってき》が正しかったことを実績で示してやるとでも言うかのように、その初年度にあたる一五三四年の間中、すでに組織していた海賊たちによる攻勢を、西地中海全域にわたって展開して見せたのである。分散した海賊グループが各自、神出鬼没という感じで襲ってきては奪い拉致して去っていくのである。赤ひげが予想していたように、アンドレア・ドーリア一人ではとうてい対処できなかった。また、その年はローマ法王クレメンテ七世は死の床にあったので、法王庁も動きがとれないでいた。結果として、法王庁の海軍の動きも鈍くなっていたのである。このままで進めば、海賊などしなくても、地中海の西半分はトルコの海になりそうであった。

九月、法王クレメンテが死に、代わってパオロ三世の名で、ファルネーゼ家出身のアレッサンドロが法王に選出された。メディチ家出身だったクレメンテはフランスに近いことで知られた法王だったが、新法王パオロ三世は、個人としてはルネサンス的な心情の持主ではあったのである。だが、キリスト教会の最高位者である法王としては、宗教改革派の分離を許してしまったのはカトリック派の軟弱さにあったとする、反動宗教改革を嫌ってはいなかった。

この三年後の一五三七年、皇帝カルロスの姪《めい》でイギリスの王妃になっていたキャサリンを離婚したことで、ヘンリー八世を破門にしている。

翌一五三八年、反動宗教改革の先兵になる、イエズス会を公式に認めたのもこの法王だった。

そして、一五四二年には、反動宗教改革を理論づけることになる、トレント公会議を主催することになるのである。

この法王パオロ三世と、神聖ローマ帝国皇帝であると同時にスペイン王でもあり、カトリック王の別名さえもつカルロスが、俗に言う、フィーリングの合う仲、になるのも当然だった。この二人の間で、翌一五三五年を期しての大反撃が形を成しつつあったのである。

チュニス攻略

カルロスも、ようやくわかったのである。

一、トルコは海では、キリスト教世界への攻勢を、イスラム教徒の海賊に担当させる方針を正式に決めたこと。

二、この海賊に対しては、海戦を挑んでも無駄であること。なぜなら、海賊たちはキリスト教国の海軍と出会うや、向ってくるどころか逃げてしまうからだった。

三、となれば、海賊を壊滅したければ、海賊の本拠を壊滅しなければならない、ということになる。

これは、地中海にまだ「パクス・ロマーナ」が確立していず、海賊が好き勝手をしていた紀元前一世紀に、ポンペイウスが考え実行した戦略であった。この戦略の有効性に、一千六百年が過ぎた今になって気がついたのかも知れない。こうして、法王と皇帝というキリスト教世界の二大指導者によって、陸海ともに軍勢を結集しての、北アフリカ攻撃が実現に向って動き出した。

当時の人々の頭の中にあった北アフリカは、エジプトとキレナイカを除く、リビアからモロッコまでの全域を意味していた。ゆえに海岸線も長く、海賊たちが本拠地にしている港だけでも、優に一〇を超える。その中でも、港町全体が海賊業とその周辺企業でもっていると言ってもよいのは、やはりアルジェとチュニスだった。

第2巻で紹介した、拉致され「浴場」に収容されているキリスト教徒の救出を目的にしたボランティアの組織である「救出修道会」と「救出騎士団」が、人々の寄附を集めた身代金《みのしろきん》をたずさえて出向いた先の一覧表を見ても、圧倒的にアルジェとチュニスが多い。この二団体に残っている、何年にどこに行き、何人の人々を救い出して連れ帰ったかを記した記録によれば、その半数以上がアルジェで、その後に、相当な差をつけられてチュニスがつづく。オランやその他の港町への救出行は、回数にすればアルジェの十分の一以下にすぎない。救出行が他よりも多く成されたということは、それだけこの二都市には、救出しなければならないキリスト教徒が多かった、ということである。イスラムの海賊の二大本拠地は、やはり、アルジェとチュニスなのであった。

カルロスは当初、アルジェに的をしぼることを主張したようである。カルロスが、「浴場」に収容されている不幸なキリスト教徒に同情したからではない。スペイン人による支配の特徴は、支配下にある庶民の運命にはさして関心を払わないところにある。当時はスペインの支配下にあった南イタリアとシチリアがそれを実証していたし、新大陸も似たような状態にあった。

そのカルロスを海賊退治に向わせたのは、第一に、海賊がトルコの西攻の先行隊であることがわかったからである。第二は、新大陸から金や銀を満載して帰ってくるスペイン船を、アルジェやオランを本拠にする海賊船が、ジブラルタル海峡を通ってバルセロナに向って北上し始める海域で待ち受け、ごっそり奪ってしまうからであった。

このカルロスに対して、法王パオロ三世が主張した攻略目標がチュニスであったのも、チュニスから発つ海賊船のもっぱらの襲撃先が南伊であり、チュニスの「浴場」

に収容されている不幸な人々の大半が南イタリアの庶民で、その人々を放っておくことはローマ法王としては許されない、と思ったからではない。もちろん、旗印としてかかげた表向きの目標は拉致者たちの救出であったが、本音は、今では公式の地位までもつようになった赤ひげが、不信の徒の都ということでローマを襲撃し、イスラム教徒の彼らにすれば不信の徒の「大ボス」とされている自分が、拉致されるという恐怖を忘れることができなかったのである。

両者とも自分にとっての利益に基づいての主張だったが、標的は一つに絞る必要は二人ともわかっていた。それで、ローマ法王をスペイン側に引き寄せたい想《おも》いのカルロスが妥協したのである。翌一五三五年の春を期して実行される、キリスト教連合軍による北アフリカ攻撃の的は、チュニスと決まった。そして、それに関係するすべての準備は、アンドレア・ドーリアに一任された。

ローマ法王の呼びかけゆえに「神聖同盟」(Lega Santa)と名づけられた軍勢の内実は、次のとおりである。

まずは海軍。いずれも、純戦力ということでガレー船の数のみとする。

法王庁　――十二隻

マルタ騎士団――四隻
スペイン本国から――十六隻
スペイン支配下のシチリア――十隻
スペイン支配下のナポリ――十四隻
ジェノヴァ共和国――三隻
ポルトガル――ガレー船は一隻だが、カラベルと呼ばれる三本マストの快速帆船が十二隻
アンドレア・ドーリアが所有する――十九隻

ガレー軍船の総計は七十九隻だが、ポルトガルから参加するカラベルは軍船と見なされていたので、それも合わせれば、九十一隻になる。乗員の数だが、キリスト教国のガレー船は漕ぎ手も自由民ゆえに戦力に数えられ、今ならば「海兵」になる純戦闘員も加えれば三万人、というのも大げさな数字ではなかった。これに、二百隻にのぼる、攻城器や兵器その他すべてを積んだ輸送用の帆船が加わる。陸兵でも、ガレー軍船に乗る高位の人々を除いた残りすべては、この帆船に分乗していくのである。この海軍の総指揮は、六十九歳とはとても見えない、アンドレア・ドーリアと決まった。

歩兵が大半を占める陸兵は、各国別に隊を組み、カルロスの部下ではあってもその国出身の武将が指揮をとる。その内わけだが、

イタリア兵――一万三千五百人。

法王庁のある中伊、ナポリのある南伊、ジェノヴァのある北伊からの志願兵で編成されていたが、その年のマルタ騎士団からの参加者にはフィレンツェ出身者が多く、その隊の指揮もフィレンツェの名家出身のレオーネ・ストロッツィがとるので、イタリア兵の一部と見なされたのである。

ドイツ兵――八千。

スペイン王カルロスは、ドイツも含む神聖ローマ帝国の皇帝でもある。はるばるアルプスを越えて来たこのドイツ兵の指揮は、ヘルバアシュタイン伯と決まった。

スペイン兵――八千。

指揮は、ドン・アントニオ・デ・アラルコン。

ポルトガル兵――五百。

この隊の指揮は、ポルトガル王の弟でもあるインファンテ・ドン・ルイズ公。

そして、これらのすべてから成る陸上軍の総指揮をとるのは、スペインの陸将としてヨーロッパ中にその名を知られていたドン・アルフォンソ・ダバロス。ミラノの領

有をめぐってフランス王と抗争中のカルロスから、イタリアに駐在するスペイン軍の総元締めとして送られていた人物だった。ティツィアーノが描いた肖像画が、マドリードのプラド美術館に残っている。

ここで少々脱線するが、十六世紀前半というこの時代に活躍した男たちを書いていながら、あきれはてた、とでもいう感じで痛感したことについてふれてみたい。

それは、この時代の主人公たちのほとんどの肖像画が、イタリア人の画家の、それもヴェネツィア派の画家たちの描いたものであるということだ。

皇帝カルロス、ローマ法王パオロ三世、アルフォンソ・ダバロス、また、当時の大国であり地中海世界の運命を決める一人であった、と言ってよいくらいのヴェネツィア共和国の元首《ドージェ》たちの「顔」を見たいと思えば、マドリードやフィレンツェやナポリの美術館に残る、ティツィアーノの作品を紹介するしかないのである。アンドレア・ドーリアやクレメンテ七世の肖像も、同じくヴェネツィアの画家のセバスティアーノ・デル・ピオンボの筆になる。つまり、五百年後に生きているわれわれ現代人でも彼らの顔を見たいと思えば、ルネサンス後期に花開いたヴェネツィア派の画家に行きつくしかないのだ。もちろん、これらの人々が依頼したからこそ、画家たちは描いたのだが、なぜこれらヴェネツィアの外の強国の有力者たちは、ヴェネツィア派の画家に描かれるのを好んだのであろう。

この時代の有力者の中で、ヴェネツィア人の画家による肖像画を残していないのは二人しかいない。トルコのスルタンのスレイマンと、フランス王のフランソワ一世である。

スレイマンが残さなかった理由は、宗教上の理由で具象化を嫌うイスラムの教えによると考えるしかない。事実、イスラム世界の人々で肖像画が残っているケースは、ジェンティーレ・ベッリーニが描き今はロンドンのナショナル・ギャラリーで見ることのできるマホメッド二世の肖像画のように、西欧人が描き、それが西欧に残ったものしかない。

しかし、フランソワ一世が、あれほどもイタリア・ルネサンスに憧《あこが》れていた彼が、当代一の肖像画家として名を成していたティツィアーノに依頼しなかったのは、実につまらない理由によった。他国人が始めたことは、それがいかにすばらしいことであってもやらない、というフランス人特有の気質による。カルロスが、自分の肖像を依頼するならばティツィアーノ、という感じであったので、フランソワ一世は依頼しなかっただけである。

だが、なぜヴェネツィア派の画家に依頼が集中したのか、という問いへの答えはまだ残っている。それを私なりに推測すれば、次のようになる。

絵画が科学《サイエンス》でもあったフィレンツェ派の画家たちに比べて、ヴェネツィア派の画家たちの描く絵は、単に、しかしより純粋な意味で絵画なのである。遠近法やその他の科学的な探究心などはいっさい忘れて、ただ単に眼の前にある絵を見つめ、それが与えてくれる快感を満喫していればよい。おかげで、まだ若かった頃のティツィアーノが自作の絵を見せたとき、ミケランジェロに、もう少し解剖を学んではどうか、などと言われてしまったのだ。

しかし、依頼する側の想いになればどうだろう。自分の顔が解剖学的に正確に描かれているかどうかは、それほど重要なことであろうか。それよりも、自分自身が充分に表現されている肖像画を好むのではないだろうか。

ティツィアーノは、対象を、現実以上に美しく立派に描こうとしたことは一度もなかった。だが、隠れている裏面まであばき出して自己満足する、凡百の芸術家ではなかった。対象を彼は、ただ静かに見るのである。他者を描いた肖像画でも自画像でも、この静かな、それでいてあくまでも冷徹な眼差《まなざ》しはまったく変わらない。肖像画家としては、理想的であったのではないか。私でも、描いてあげますと言われたら、ミケランジェロよりもティッツィアーノを選ぶだろう。

それにしても、スペイン憎しが高じて、ティッツィアーノ作の肖像画を残さなかったフランソワ一世は、晩年のレオナルド・ダ・ヴィンチに安住の地を与えるなどしたことから文化好きの君主として名を残したかったのだろうが、画龍点睛《がりようてんせい》を欠いたと言うしかない。死んだ後でもティッツィアーノ描く「カルロス」は、マドリード以外にも各地の美術館で今なお「生きつづけている」が、フランソワ一世のほうは、そのような形で生きつづけるチャンスを逃したのである。権力はそれを持つ者が死ねば終わりだが、芸術は、それがホンモノであれば永遠の命をもつ。

連想が及んだついでにもう一つのことも書くが、それは、現代でも残るジェノヴァ人のアンドレア・ドーリアの三点の肖像画の作者が、傑作と当時から評判だったセバスティアーノ・デル・ピオンボ描く一点を始めとして、一人としてジェノヴァ人の画家の手になったものがないということである。三点の肖像画の作者は、ヴェネツィアの画家が二人、フィレンツェの画家が一人、であった。

ジェノヴァ人のアンドレア・ドーリアは、心底では、ヴェネツィア人を嫌っていた。海洋国家であり通商国家であるという同じ道を進んできた海洋都市国家同士でありながら、今ではヨーロッパの大国の一つになっているヴェネツィア共和国は、ジェノヴァの男にとっては軽い気持で飲み下せる存在ではなかったのだ。

また、同じイタリア人でありながら、個人の突出を認めるジェノヴァ人にとって、常に挙国一致で行動するヴェネツィア人は、気質がちがう人種に見えたのかもしれない。それで、ドーリアとヴェネツィア政府の関係は常にぎくしゃくしたものになるのだったが、それでも肖像画を依頼するとなると、ヴェネツィア派の画家になってしまう。合理的な考え方のドーリアにしてみれば、ジェノヴァ人にはいないのだし、ヴェネツィアの画法のほうが優れているのだから仕方ないではないか、となったのかもしれない。

海運国として大を成し、通商国で終わってしまったのがジェノヴァ共和国である。一方のヴェネツィアは、海運国であり通商大国であり、国内安定という難事まで成しとげて政治的にも成熟し、その結果として外交大国になり文化大国にもなる。この両共和国のちがいについての探求は『海の都の物語』上巻の「ライヴァル・ジェノヴァ」と題した項にゆずるしかないが、同じ時代、同じ生活環境、同じイタリア人でありながら、なぜこうも異なる道をたどったのかを考える際に、肖像画も役立つのだと言いたかったのである。

そして、一五三五年の「神聖同盟」に参加していなかった大国は、フランスとヴェネツィアであった。フランス不参加の理由は、もう言うまでもないだろう。フランソワ一世も、カルロスがやることはやらず、やらないことをやるフランス人であったからだった。

ヴェネツィア共和国の不参加の理由は、トルコとの間に友好通商条約を結んでいたからである。しかし、そのような関係にあるゆえに刺激したくなく波風も立てたくないなどという、消極的な考えからではまったくなかった。強力な海軍力の常備を怠らなかった事実が、トルコとの関係が常に緊張した関係であったことを示している。「神聖同盟」に不参加を決めた当時のヴェネツィアの元首《ドージェ》は、アンドレア・グリッティである。今はワシントンに残る、この人の見事な肖像を描いたのもティツィアーノだ。ティツィアーノ描く元首グリッティを一度でも見た人ならば、ヴェネツィア共和国の不参加が、単なる弱気から決まったことではないのに納得してくれるにちがいない。

とはいえ、一五三五年の「神聖同盟」軍は、海軍はアンドレア・ドーリア、陸軍はアルフォンソ・ダバロスという、当時では子供でも知っていた二将が率い、皇帝カルロス自らが参戦するという、これ以上は望めないほどに大々的で公式なものになったのである。参加した指揮官たちの名を一望するだけでも、当時のヨーロッパの貴族たちの「花」が、こぞって参戦していたことがわかる。

これが、いかに強大化していたとはいえ海賊のねぐらにすぎない、チュニスの攻略を目標にかかげたキリスト教国の連合軍なのであった。赤ひげも、たいした存在になったものである。彼もまたティツィアーノに肖像画を依頼していたら、五百年後のキリスト教徒たちも入館料を払ってでも見にいくにちがいない、肖像画の傑作を残していたであろうに。

一五三五年六月も後半に入って、神聖同盟の全軍は、集結地と決められていたサルデーニャの南端への集合を終えた。スペインやイタリアやマルタからも集まるので、そのどこからも等距離にあるサルデーニャ島の南端が集結地に選ばれたのである。また、そこから北アフリカへは、数日の航行で着け、しかも一路南下するだけだった。このすべては、ドーリアが決めたのである。全軍の集結は終了しているのに、出陣は数日延期されたのも、順風を待っていたからだ。始めたからには一気に行く、が、アンドレア・ドーリアの常法でもあった。

六月二十四日の朝が、「始めるとき」になった。先頭を切って出港したのは、ドーリアの旗艦で皇帝カルロス乗船の大型ガレー軍船。帆柱高く、黄地に黒く鷲がぬいとりされた、神聖ローマ帝国の皇帝旗がひるがえる。

つづいたのは、オルシーニ伯率いる法王庁艦隊の旗艦。こちらは白地に金糸で聖ペテロの鍵を刺繍《ししゅう》した法王旗を、風にはためかせながらの出陣だ。その後に、マルタ騎士団、ナポリ、シチリア、ジェノヴァ、ポルトガルと、いずれも旗艦がつづいた。各艦隊とも、「カピターナ」と呼ばれる旗艦を先頭に、副将の乗る船が最後尾を固める陣形になって進む。この後に、帆船群がつづいた。ガレー船でも順風なので、櫂は使われない。翌日には早くも上陸することになるかもわからない以上、漕ぎ手たちは休ませておくに如《し》くはなく、そのためにも順風を待っての出陣だったのである。

　翌朝早くも、はるか水平線上に北アフリカが見えてきた。順風待ちの間に将たちを集めての作戦会議は終えていたので、各船とも、予定された上陸地点に迷わずに向う。そこは古代ではカルタゴ第二の海港都市ウティカがあった土地だが、長い歳月を経るうちに海岸線が沖にのび、砂浜が一面に広がる一帯になっている。港としては使えなくなったこの地には漁師以外は人も住まず、イスラム軍に待ち伏せされる危険も少なかった。それでいながらチュニスまでは、三十キロしか離れていない。三万を越える大軍の上陸地点としては、最適であったのだ。

　この地に上陸を始めた兵士たちを残し、皇帝カルロスと高官たちには旗艦上に留まってもらい、ドーリアだけは快速の小型ガレー船に乗り換えてチュニスを探りに向った。

　もちろん事前に、ジェノヴァを始めとする各国のチュニス駐在の領事や「救出修道会」や「救出騎士団」から得ていた情報で、チュニスについてのほとんどのことはわかっている。ただ、トルコ海軍の総司令官になって以後の赤ひげが、改造したり強化したりした箇所があるかを知りたかったのだ。単なる偵察では用をなさない。戦闘とはいかなるものかを熟知している者が、自分の眼で見る必要があるのだった。

もどって来たドーリアは、待ちかまえていたカルロスと司令官たちを前に、偵察の結果を報告した。

まず、東に開いたチュニス港を北から守るように、ゴレッタと呼ばれる岬が突き出し、その岬全体が要塞《ようさい》化されている。これを落とせるか否《いな》かが、チュニス攻略の成否を決める、と。

また、港内に停泊している船の様子から、外部からの支援軍が到着しているのはまちがいなく、それらが赤ひげの指揮下に完全に編成されない前に、つまり防衛側の準備が完了しない前に、なるべく早く決定打を浴びせる必要があること。反対に、長期戦になればなるほど敵側は有利になり、遠征してきたわれわれには不利になる、と。

六十九歳になっていたドーリアは、三十五歳のカルロスに、正面から視線をあてながらはっきりと言った。

今回の遠征が成功するか否かは、陸上軍がどれだけ早く、チュニスまでの三十キロを踏破できるかどうかにかかっている、と。これは言外に、遠征の最高司令官であるカルロスに、安全で楽なガレー船でチュニス入りするなどは考えるな、と言っているのだった。皇帝までが苦労をともにしているのを見れば、一兵卒の士気もあがるのである。

陸上軍の総指揮をとるアルフォンソ・ダバロスも偵察を出し、チュニスまでの道程を調べていた。スペインの武将は言った。チュニスまでの三十キロの大半は砂地や干《ひ》潟《がた》の連続で、行軍の速度は落ちざるをえなく、踏破には少なくとも四日は必要だ。それに季節は夏、北アフリカの酷暑の中での行軍は、ヨーロッパからの兵士たちには酷だろう、それに持参のパン（実際は乾パン）の多くはかびがはえてしまって食べられる状態にない、とも言ったのである。だが、新鮮な飲料水とパンの問題は、会議の終了を待つこともなく解決した。ドーリアがすでにシチリアの総督を通して準備させておいた、シチリアからの補給船が到着したという知らせが入ったからである。

上席に坐《すわ》ったカルロスを前にして、参加国の司令官・指揮官の全員が集まった作戦会議は、結局はドーリアの提案をほとんどそのままで飲む形で終わった。

陸上軍も海上軍もともにチュニスに向けて出発し、陸上軍がゴレッタの城壁の下に到着するのを待って、陸海ともにゴレッタに攻撃をかける。そしてこの城塞の非戦力化が成るや、時を措かずに陸海ともにチュニスに総攻撃をかける、という戦略である。

ただ、スペイン軍に同行していたスペイン人の高位聖職者が、酷暑の中での四日もの行軍を皇帝までがともにすることには反対した。ドーリアはゆずる。皇帝は、ゴレッタ攻略まではガレー船上にいて観戦し、その後のチュニスへの陸海ともの総攻撃になって、陸上に移って参戦する、としたのである。これには、誰よりもカルロスが賛成した。三十五歳の皇帝は、後世に名を遺《のこ》すならば、治世の大半を馬上で過ごした皇帝として遺したいと願っていたのである。

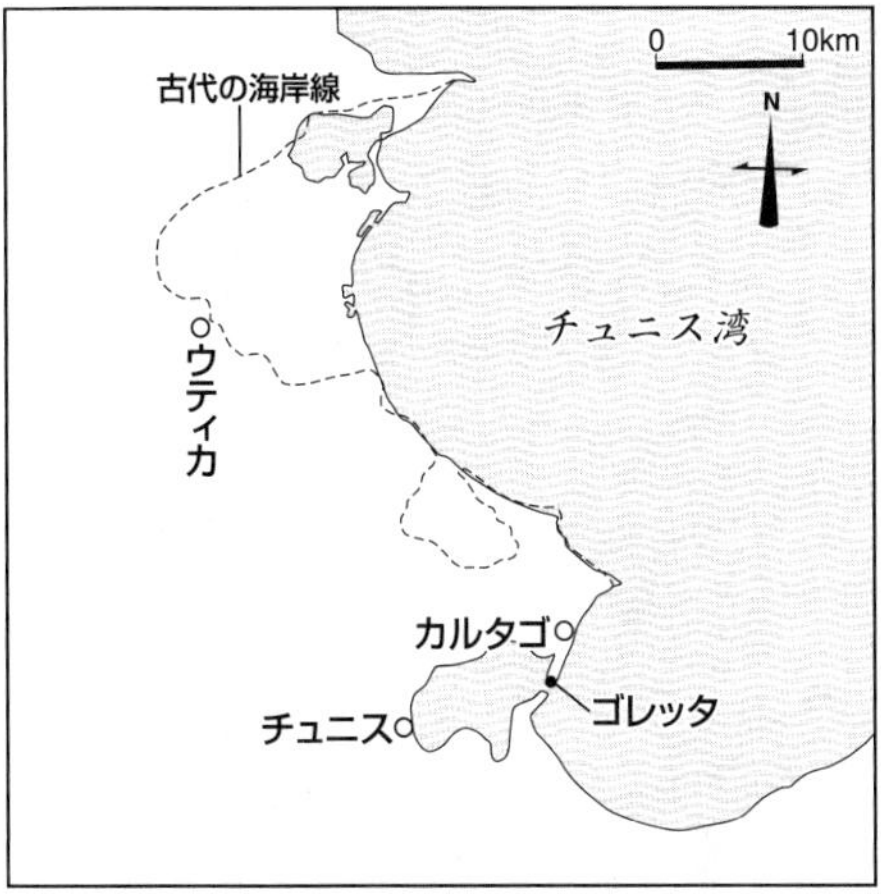

チュニスとその周辺

イスラム側でも、迎え撃つ準備には怠りなかった。赤ひげも、ゴレッタの運命がチュニスの運命を決することを知っていた。

それで、つい先頃コンスタンティノープルから到着したばかりの六千のトルコ兵を、そのままゴレッタ防衛に送りこんだのである。トルコのスルタンが、もはや正式にトルコ海軍総司令官になった赤ひげに、守備隊にするようにと送ってき

ゴレッタの城塞

た兵士たちだった。

　赤ひげはさらに、チュニス港に停泊しているすべての船から大砲をはずさせ、それをゴレッタの胸間城壁ごとに配置させた。ゴレッタの城塞全体が、一個の巨大な砲台と化したのである。

　このゴレッタの防衛の責任者に、赤ひげは「ユダヤ人シナム」を任命した。海賊の頭目は、一人では行動しない。配下を従えて動くので、ゴレッタの防衛は、トルコ兵と海賊に一任されたことになる。それを指揮するのが、古株の海賊シナムということだった。一箇所を死守する際のトルコ兵の勇敢さは知られていたし、海賊のほうの利点は、キリスト教徒に慣れていることだった。

チュニスをめぐる城壁の防衛をまかされたのも、海賊のハッサン・アガである。城壁をめぐらせた都市の防衛上の要所はそのところどころに口を開けている城門だが、この城門の防衛にも、赤ひげは海賊たちを活用した。

海賊たちの参集とその機動化が成功したのは、皇帝カルロスが自ら率いるキリスト教連合軍の標的がチュニスと判明した時点で、早くも赤ひげが北アフリカ全域の海賊に召集をかけていたからである。それで、夏という稼ぎどきに当っていたにかかわらず、この年一五三五年は、海賊たちも〝職場〟には向わず、自分たちのボスの呼びかけに応じて参集したのだ。トルコ海軍総司令官という正式な地位の効果は、やはり大きかったのである。

それ以外でも、赤ひげのやり方はなかなかに巧妙だった。チュニスの防衛に、これまではとかくトルコの支配への反感を隠さなかったアラブ人やベルベル人まで参加させることに成功したからである。

イスラム世界へのキリスト教側の攻撃を許しては預言者マホメットの教えに反する、

との呼びかけが、これまでの反感を忘れさせ、対キリスト教徒に起《た》ち上らせる力になったのだった。チュニスの市内には、赤地に白の半月のトルコ国旗よりも、緑地に白くコーランの文字を染めぬいたイスラム旗のほうが多く見かけられるようになっていた。チュニスに向って行軍をつづけるドン・アルフォンソ・ダバロス率いる陸上軍を、砂丘の陰から突如現われては兵士たちを悩ませたのも、アラブ人やベルベル人から成る騎馬隊であったのだ。

海賊だけでなく、海賊ではないイスラム教徒にまで呼びかけるときの赤ひげは、イスラム世界の守護者でもあるかのように過激だった。捕虜にした皇帝カルロスをスルタン・スレイマンに献上する夢を見たと言いながら、それを現実にしようではないかとアジるのである。それを聴く人々の心の中で、チュニス防衛は、単なる一海港都市の防衛ではなくなっていた。

七月十三日、キリスト教側では、城塞化したゴレッタへの総攻撃を翌日に控えて、最後の作戦会議が開かれていた。海上軍はゴレッタ前の海上に集結を終わり、陸上軍も、ゴレッタの城壁の下までつづく地下の坑道掘りを終えていた。坑道には、城壁のまぎわまで敵に妨害されずに接近するためと、城壁下まで掘り進んだ奥に火薬を詰め、爆発させることで城壁を破壊する役割があったのだ。

七月十四日、夜明けを前にした時刻の海上はなぎの状態になる。いまだすべてが影のようにしか見えない中を、四隻《せき》のガレー船が音もなく波を切り、ゴレッタの岩壁に着岸した。これまた無言の兵士たちが、次々と上陸する。これは、朝の光があたり一面を浮びあがらせるまで幾度となくくり返された。

それが一巡したときが合図であったようである。陸側のキリスト教側の大砲が、いっせいに鳴りひびいた。ただちに城塞側も応戦する。同時にゴレッタからは、海上の船団に向っての砲撃が始まった。ゴレッタからの砲撃は、陸側でも海側でも間断なくつづいたので、作戦の内容を知らない人が見たならば、キリスト教側は夜中に上陸させた兵士たちを、孤立無援にしてしまうのではないかと思えたにちがいない。だが、その実態を知らないドーリアではなかった。

大砲を文字どおりに間断なく撃たれては、攻撃側の動きは封じられる。しかし、砲撃と砲撃の間には、石弾を詰め火薬を装置したりする必要から、どうしたって間隔が空いてしまう。

ドーリアは、この間隔を利用したのだ。砲撃によって放たれた敵の砲丸が水柱をあげるのを待って、上陸兵を乗せた四隻のガレー船がゴレッタ目指してスタートする。櫂《かい》だけで動いているので、たとえ敵の別の大砲から撃ち出された砲丸が降ってきたとしても、それを避けつつ進むのはさしたる難事ではない。そして着岸するや兵を上陸させ、またも砲撃と砲撃の間隔を利用してもどってくるのである。砲撃と砲撃との間をぬってのピストン輸送だが、当時の大砲の命中率では、動く標的を狙《ねら》うという不利も加わって、被弾する率は高くはないのだった。

それに、大砲とは、何度もつづけて撃つと熱がこもり、自爆する危険がある。その理由からも、間断なく大砲が火を噴きつづけるということは、実際にはありえなかったのである。赤ひげが配置させた大砲のすべてが、このような事情で、その数に比例した効果をあげたわけではないのだった。

また、キリスト教側でも、海上を、兵士を輸送するためだけに使ったのではない。例えば、マルタ騎士団の一隻は、上陸用の兵士ではなく十五人の砲手をのせ、船尾には二十四インチ口径の大砲、船首には八インチ口径の大砲を装備し、海側からの砲撃を敢行していた。ガレー船を自在に操りながら、船尾から砲撃するやただちに船の向きを変え、次は船首から砲撃するというやり方である。そして、このやり方で攻めたのは、マルタ騎士団のガレー船だけではなかった。

ドーリアの案に従って、次々と〝選手〟を交代しての攻撃を連続して浴びせかけたのだ。これでは、ゴレッタを守るトルコ兵も海賊も、城壁をはい登ってくる敵兵に注意を向ける余裕もなかったのである。

次々と新手と交代させる戦術は、陸上軍でも行われていた。それでも陸上では、前方のゴレッタと後方のアラブの騎兵という、双方の敵に対処する必要があったが、イスラムの兵士たちは、全軍でいっせいに攻めてくるときは強いが長時間はつづかない、という欠点をもつ。それで、海側ほどはあざやかには行かなかったが、陸上でも交代戦術は一応の効果をあげたのであった。

正午近くになって、突如、両軍とも、砲撃が止まった。指揮官の命令があったからではない。ただ単に、六時間もの間つづいた砲撃の応酬による砲煙と破壊された城壁からあがる土煙が周辺一帯をおおい隠し、それで敵味方ともが、どこに向って撃ってよいかわからなくなったにすぎなかったのだ。

視界が晴れるのに、しばらくの時間を要した。だが、視界が晴れるにつれて、キリスト教連合軍の陸上側では一兵卒までが、海上では漕《こ》ぎ手までが、この半日の攻撃の戦果をはっきりと自分の眼で見たのである。
それ自体が巨大な砲台であったゴレッタの城塞は、見るも無惨《むざん》な姿をさらしていた。それを眼にした兵士たちの間から、自然に雄叫《おたけ》びがあがった。

多国籍軍でもあるので、雄叫びも国ごとにちがう。それに当時のヨーロッパ人にとっての雄叫びは、自分の国の守護聖人の名を叫ぶのだ。ローマを中心にした地方のイタリア人ならば聖《サン》ピエトロ、ジェノヴァ人ならば聖《サン》ジョルジョ、スペイン兵となると「サンチャゴのため！」となり、マルタ騎士団だと聖ヨハネになるという具合だ。それで雄叫びも統一されず、何を叫んでいるのか判明しない叫び声でしかなくなるのだが、それでも全員がどれかの聖人の名を叫びながら、いっせいに走り出したのである。兵だけではなく将たちも、であったから、一時、皇帝カルロスの周囲に空間ができてしまったほどだった。ゴレッタへの最後の総攻撃は、このようにして、誰が命じたということもなく、自然発生的に始まったのである。

いったん勢いづけば、後は早い。ゴレッタの中でも最も高い塔の上に、法王旗と皇帝旗とマルタ騎士団の旗がひるがえった。そして、それを見てさらに勢いづいた兵士たちによって、ゴレッタは、その日の日没も待たずに落城したのである。

キリスト教側の犠牲も、少なくはなかった。なにしろ、激しい砲撃下での半日もの白兵戦を、闘った後であったのだ。高名な貴族の中にも、戦死した者は何人もいた。それでも、イスラム側の犠牲はより大きかった。ゴレッタを守っていた六千のトルコの兵士のほとんどが、戦死していたのである。

崩れ果てたゴレッタを、海軍の総司令官のドーリアと陸側の総司令官のダバロスが見てまわった。その一行に、直前までチュニスにいて、攻撃開始後にキリスト教側に逃げて来ていたジェノヴァの商人が加わっていた。この商人が気づいたので、わかったのである。戦死者の中に、海賊が一人もいないことを。負傷者の中にも、名が知られている海賊は一人もいなかった。ましてや「ユダヤ人シナム」の姿は、死者にも負傷者にも捕虜の中にもなかった。

商人は言った。砲撃による土煙りがあたり一面をおおい隠したあの時点で、早くも海賊たちは逃げたのだ、と。逃げ遅れでもしたらしい、「ユダヤ人シナム」の十歳の息子が、海賊の中では一人だけ、キリスト教側の手に落ちた〝戦果〟であった。この少年は、参戦していたイタリアのピオンビーノの領主が、子がいないという理由で預かることになった。

もはやドーリアが強く主張するまでもなく、ゴレッタ攻略で示された速攻の有効性は、誰の眼にも明らかだった。カルロスを始めとして他の司令官たちも、ゴレッタ落城後も時を措《お》かずに、チュニス攻撃に向うことに異存はなかったのである。

翌十五日の朝、陸側はイタリア、スペイン、ドイツと出身地別に分れての三列縦隊で、チュニス目指しての行軍を再開した。これら歩兵の後に、まだ若いアルバ公爵《こうしゃく》が率いるスペインの騎兵隊がつづいた。そして海側は、輸送用の船まで総動員して、チュニス港の封鎖に向う。これでチュニスを、北と東から攻める構図はできたが、西側と南側が空いていた。だが、そこまで兵を送る余裕は、その年のキリスト教軍にはない。それでも、強気で攻めるのをもっぱらとするスペインの将たちに、不安をいだいた者はいなかった。皇帝カルロスも、勝利者として明日にもチュニスに入城する自分を想像して、ガレー船にもどるとは言わなかったのである。

次の日の朝には、陸上軍はチュニスの城壁を一望できる地点にまで達していた。城壁の向うには、モスクの尖塔《せんとう》がそびえ立つのも見える。だが、城壁の前面には、色とりどりのターバンからアラブやベルベルもいるとわかる兵士たちが、朝日を受けてきらめく半月刀を手に、迎え撃つ態勢にあるのも見えた。赤ひげは、トルコ帝国にすれば下層の民になるこれら現地人を前面に立て、城壁の要所の守りには、ゴレッタから逃げてきた、ユダヤ人シナムを始めとする海賊たちを配していたのである。

夜を徹しての行軍の後であったので、チュニスの城壁を前にしても、すぐにも攻撃にかかることはできなかった。兵士たちに休息を与える必要があった。陸側の総司令官であるドン・アルフォンソ・ダバロスは、すべての大砲を最前列に並べさせただけで、その日は終えた。

翌七月十七日の朝の光が、辺りを浮びあがらせるようになるのを待っていたかのように、キリスト教軍の大砲が火を噴いた。総司令官ダバロスは、様子見の小ぜり合いなどはいっさいせず、初めからの総攻撃を命じたのである。砲音と、それによる破壊の音と、各国別の雄叫びが交叉《こうさ》し、初めから城壁をめぐる各所で、白兵戦が激しく闘われた。

イスラム側も、「アラー・アクバール！」と叫びながら闘う。両軍とも、正しい信仰の持主が誤った信仰の持主と闘っていると信じていることでは同じなのだが、こちらが正しければ相手は誤っていることになるのは、両軍ともが一神教徒同士だからである。だが、それだけにかえって、死さえも喜びになる。その日の午前中いっぱい激闘がくり広げられたが、キリスト教側は、どうしても城壁を破ることができないでいた。

ところが、正午近くになって、両軍ともが予想もしていなかったことが起ったのである。

チュニスの市内にある「浴場」には、この時期、拉致《らち》されたり捕虜になったりした、一万人ものキリスト教徒が収容されていた。この人々のいっせい蜂起《ほうき》を怖《おそ》れた赤ひげは、キリスト教軍がウティカに上陸した時点で、彼らの全員をチュニスの郊外にある洞穴に移動させていたのである。

砂漠地帯には意外にも天然の洞穴が多く、北アフリカの住民たちは、いつもはそれを、小麦やオリーブ油やなつめやしの貯蔵所として使っていた。そのいくつかに、

「浴場」から移された人々が詰めこまれたのである。一人一人を鉄の鎖でつないでいたから、監視役にはいつものベルベル人ではなく、ユダヤ人を置いた。アラブ人やベルベル人は、防衛要員として必要であったのだ。だが、詰めこまれた人々の中に、マルタ騎士団の騎士がいたのだった。

イタリア人であるその騎士は、以前に海賊船と交戦中に捕虜になり、「浴場」に投げこまれていたのだった。イスラム教徒との戦闘の経験が豊かなので、洞穴に連れてこられる途中で見た、防衛準備で大騒ぎのチュニスの街中の様子から、キリスト教側も今度ばかりは本腰を入れて攻めている、と予想したのである。それで騎士は、洞穴に入れられるやいなや、監視のユダヤ人の説得を始めたのだった。

チュニスがキリスト教側に占領されたときは、ユダヤ教徒のお前でも、キリスト教徒たちの監視役であったという理由で、イスラム教徒たちと同罪になる。それを避けたければ、鉄鎖を切る道具を用立ててくれればよいのだ、と言って。

初めのうちは、ユダヤ人も頭を縦に振らなかった。だが、砲音が市外の洞穴にまで聴こえてくるようになると気が変わる。マルタの騎士はその間にも仲間たちに蜂起を説いていたので、鎖が切られたときは、全員の心が一つに固まっていた。そしてこれは、たちまち他の洞穴にも広がったのである。「浴場」には、ガレー船の漕ぎ手や鉱山の強制労働に使う男たちが収容されているのだから、全員が男だ。その一万人が、騎士パオロを先頭にして、チュニスの市内に雪崩《なだれ》を打って突入してきたのである。北と東の戦線に集中していた防衛側は、不意に背後から、新たな敵に攻められた状態になった。

トルコ兵ならば、劣勢とわかっても踏みとどまって闘う。だがアラブやベルベルの男たちとなると、劣勢とわかるや一目散に逃げ出す。トルコ兵はゴレッタで全滅していたので、チュニスを防衛するのはアラブやベルベルか、でなければこれまた逃げるのは得意の海賊だった。馬で駆けまわって必死に防戦を呼びかける赤ひげの声に、立ち止まる人もいなくなってしまったのだ。

総崩れだった。キリスト教側が何が起ったのかわからないでいる間に、チュニスは、わずか一日足らずの攻防で陥落したのである。

そして海賊は、今度も、全員が逃げていた。

ユダヤ人シナムは、チュニスから南へ馬に鞭《むち》を入れつづけ、チュニジアの東海岸に近接してある自分の本拠地の、ジェルバ島に逃げ帰った。

赤ひげは、まずはチュニス市内のカスバに逃げこんだのだが、キリスト教側の兵士たちが慣れない迷路でウロウロしているすきにカスバも後にし、陸伝いにボーナまで逃げる。そしてこの港からは船で、アルジェまで逃げた。彼もまた、トルコ海軍総司令官にならない前は海賊稼業《かぎよう》の本拠にしていたアルジェに、逃げ帰ったのである。

イタリアでは、その容貌《ようぼう》のあまりもの醜さに、悪魔でも退散するという意味で「悪魔払い」（カッチャ・ディアボロ）の綽名《あだな》のほうで有名だった海賊は、右の二人ほどは幸運に恵まれなかった。チュニスから逃げ出したところまでは同じだったが、砂漠地帯に入りこんでしまい、何日も渇きに苦しんだ後にようやく井戸を見つけたのだが、その水をあまりにも急にあまりにも多く飲んだために、その場で頓死《とんし》したと伝えられている。

いずれにしても、高名な海賊でキリスト教側に捕われた者は一人としておらず、死んだ者もいなかった。

ドーリアとダバロスの二将は陥落直後にチュニス入りしていたが、皇帝カルロスの勝利者としてのチュニス入城は、四日後の二十一日まで延期された。陥落直後に開かれた作戦会議で、チュニス市内の略奪と破壊を許すか許さないかをめぐって、高官たちの意見が分裂したからである。

法王庁やジェノヴァのイタリア勢は、住民までが防戦に起《た》ったわけではなく、多大な苦労と犠牲の末の攻略でもなかったという理由で、もはや民間人しか残っていないチュニスの略奪と破壊には反対だった。

だが、スペイン兵とドイツ兵は、強硬にそれを主張してゆずらない。そして、最終決定を下す権利は、「神聖同盟」と銘打ったこの年の遠征軍の最高司令官である、皇帝カルロスにあった。

次の日から三日の間、チュニスの市内だけでなく周辺までが、徹底して荒らされた。万に近い数の住民が、イスラム教徒であるというだけで殺され、それと同じ数の住民が、奴隷《どれい》としてスペインに連れていかれることになった。モスクは破壊され、モスクに附属している学校までが破壊された。

これがすべて終わった後で、皇帝はチュニスに入城したのである。北アフリカでは主要な海港都市の一つであったチュニスも、カルロスの眼には、荒れ果てて絶望した人々の住む町としか映らなかったであろう。だが、治世の大半を馬上で過ごすことが自慢だったこの人が見てきたのも、常に、破壊された町と絶望した人々だったのである。それが、ヨーロッパの一都市か、それとも北アフリカの一都市か、のちがいでしかなかった。

チュニスの統治には、赤ひげに追い出されるまではチュニスの「首長」だった、ハッサン・ムラグを呼び出して当たらせることに決まった。カルロスとその男の間で、講和条約が調印された。

一、チュニスは以後、毎年スペイン王に、一万二千ドゥカートの年貢金《ねんぐきん》を上納する義務を負う。

二、経費はチュニス持ちで、スペイン兵の一隊を常駐させる。

三、これ以降は絶対に、チュニスの「首長」は、海賊とのあらゆる関係を断ち切ることを誓う。

四、ゴレッタ城塞の再建は、チュニス港の安全を保障するうえで重要ゆえに認める。

私には、軍事的に攻略しておきながらその後の統治には関与せず、現地生れの人物を探し出してその人に統治をゆだねた理由がわからない。海賊に基地を与えないことに本気で取り組むつもりはなかったとすれば、遠征軍のトップであった人としては無責任すぎる。もしもハッサン・ムラグの能力を信用していたとすれば、これまた、無知であり無責任だ。赤ひげに追われたことのある男が、近くのアルジェにまだ赤ひげが健在な状態で、自由にふるまえるわけがないからである。実際、約束の年貢金が払われたのは、最初の一年だけであり、それも、前払いさせていたからとれたにすぎなかった。

この条約の調印が終わっても、まだ季節は夏の盛りだった。七月は終わろうとしていたが、八月も九月もまだ凪は強くはなく、地中海の南では航行には適した季節がつづく。アルジェを攻め、赤ひげを決定的に倒すための時間は充分にあった。今追い撃ちをかければ、西地中海の災難の源《みなもと》であった、北アフリカの海賊たちの壊滅も夢ではなかったのだ。彼らの二大根拠地は、チュニスとアルジェである。その一つは、たたいた。残るは、アルジェだった。

しかし、皇帝カルロスは、追い撃ちをかけてチュニス攻略の成果を確実なものにするよりも、チュニスの陥落で得た栄光を満喫するほうを選んだのである。遠征の目的は達したと、カルロスは思ったのだ。また、内情を知らない北ヨーロッパでは、皇帝カルロスの名声は、チュニス攻略成功が伝えられてからは一気に頂点に達していた。

たしかに、ローマ法王パオロ三世が強く望んだ、「浴場」に収容されている不幸なキリスト教徒たちの解放は、チュニスの一万人にかぎったとしても実現していた。チュニスの港に停泊していた八十隻もの海賊船も捕獲したので、それらの船で漕ぎ手として酷使されていた八千人近くのキリスト教徒も、鎖を解かれて故郷に帰れたのは事実である。

だが、海賊たちは、全員を逃がしてしまっていた。しかも赤ひげは、彼にとっては我が家同然のアルジェに逃げて、そこでピンピンしている。今ならば、仲間の海賊たちも救援どころではない状態にあり、スルタンが支援を送ってくるにしても、コンスタンティノープルからアルジェまでは遠く、ゆえに時間もかかる。今の赤ひげはどこからも支援を期待できない状態にあったのだ。壊滅するとすれば、「今」しかなかった。

それなのにカルロスは、どうやらダバロスまでが主張したらしい、追い撃ちには同意しなかった。それよりも、まだ八月初めというのに、「神聖同盟」軍を解散してそれぞれの国に帰らせ、彼だけはシチリアに上陸し、シチリアを横断した後は南イタリアを北上してナポリに向うことに決めたのである。自分の領土であるシチリアと南イタリアを見たいと言い、そのほうを優先したのであった。

こうして、一五三五年のチュニス攻略戦は終わった。参加した各国の船も人も、それぞれの国にもどって行った。彼らを迎えた故郷では誰もが喜びにわいたが、それも無理はない。少なくとも、これまでは水平線に船影が見えただけでも逃げるしかなかった海賊に、痛打を浴びせたことは確かであったのだから。

そして、戦術の面から見ても、この年のチュニス攻略戦は、速攻の利点を完全に活《い》かした見本であった。

サルデーニャの南端から出陣したのが六月二十四日、攻略を終えてチュニスを後にしたのは八月の初めというから、四十日しか費やさなかったことになる。しかもそのうちで実際に戦闘に使ったのは、ゴレッタ攻略の一日とチュニス総攻撃の一日のたった二日。犠牲者も、指揮する隊の先頭に立って敵に突入するために戦死者が多くなる、貴族階級の六人をふくめても、総勢六万もの大軍にしては驚くほどに少なかった。

当初から速攻を主張し、しかもそれを実行した海側の総司令官ドーリアと、様子見という感じの小ぜり合いなどはいっさい試みず、全軍を投入しての総攻撃に勝負を賭《か》けた陸側の総司令官ダバロスの、海陸ともの共闘作戦がものの見事に機能したからである。

しかし、戦闘《バトル》に勝つことと、戦果を保持しつづけることとは別問題なのであった。そして、三十五歳にしてヨーロッパ最強の君主としての名声に輝いたカルロスを、複雑な想《おも》いで見ていたもう一人の君主がいたのである。

フランソワとカルロス

カルロスの虚栄心が、赤ひげを救った。

「神聖同盟」軍が解散しヨーロッパに去ったのを知った赤ひげは、船と乗員（海賊）の再編成にとりかかったのである。イスラムの大義は口にも出さなかった。人々を集めるのに使った理由は、キリスト教世界への雪辱ではまったくなく、海賊業再開である。人を集めるのに、大義よりは目前の利益のほうが効果があると、知ってのことであったかもしれなかった。それにアルジェという町自体が、全人口の五分の一はキリスト教徒の奴隷が占めていたと言われるくらいで、海賊業で成り立ってきた港町なのである。

またたく間に、小型ではあったが四十隻のガレー船を編成し、それに乗る海賊たちを集めるのにも成功した。漕ぎ手の確保は問題ではなかった。「救出修道会」や「救出騎士団」の行き先が最も多かったのはアルジェで、このアルジェでは、「浴場」は一つでなく数多く存在したのである。

季節ならば、すでに秋に入っていた。だが赤ひげは、そのようなことは気にもせず、四十隻を率いて北上したのである。最初の目標はミノルカ島。そのすぐ近くにはあっても守りは固いマヨルカ島には眼もくれない。同じ理由で、スペインの主要都市であるバレンシアにもバルセロナにも近づかなかった。だがミノルカは、立派にスペイン領である。赤ひげは、カルロスの領土そのものに嫌がらせをかけたのだった。

スペイン王の旗をかかげて接近してきた海賊船団を、島民たちはチュニスからの帰還の船団と思い、歓迎のために聖人の像まで持ち出して港で待っていた。接岸後によ うやく気づいたが、すでに遅い。港で待っていた人のうち、老人を除いた全員が拉致され、町はすみからすみまで略奪された。

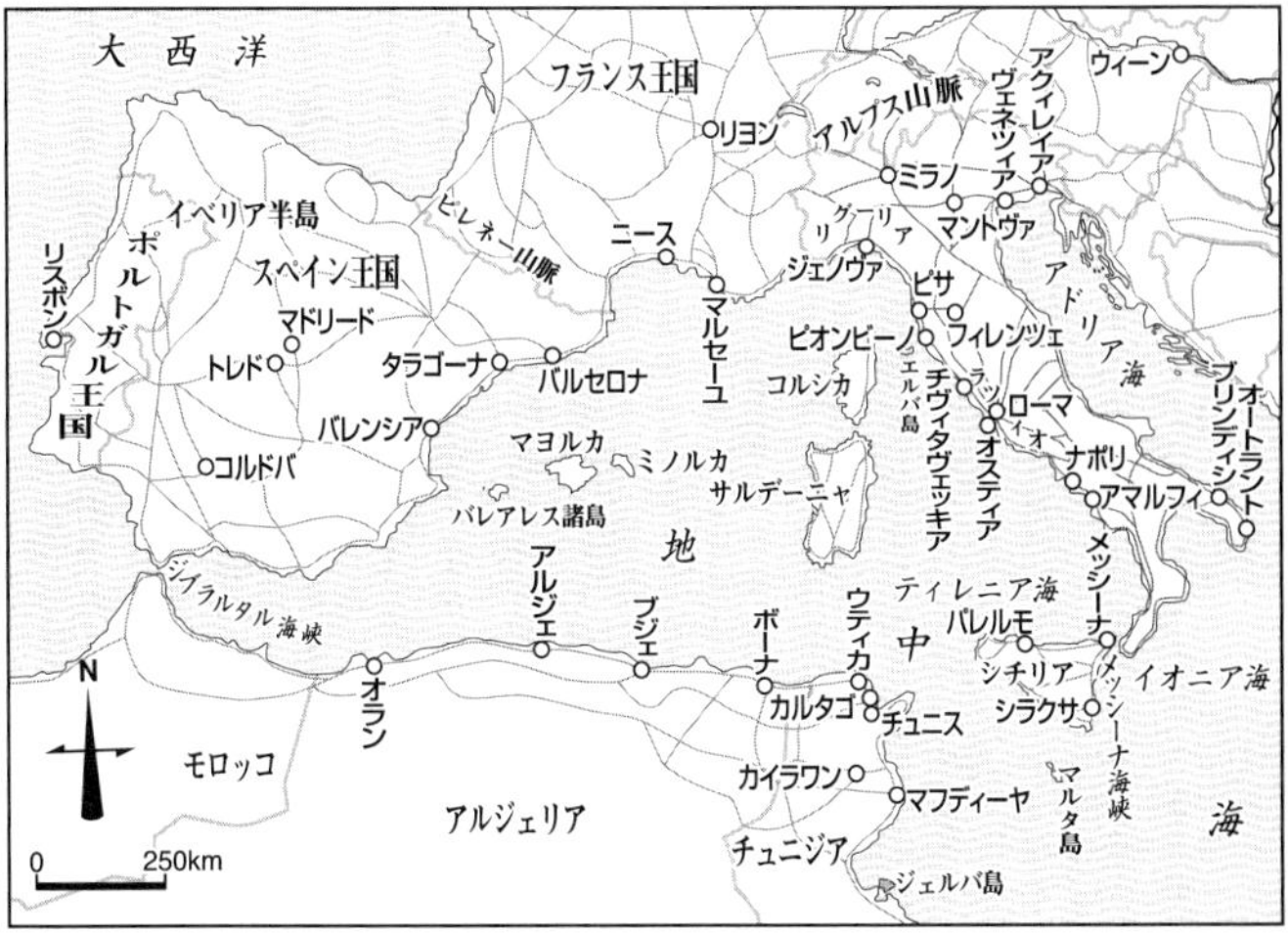

西地中海とその周辺

あまりに簡単に済み収獲も多かったので、いったんアルジェにもどる。収獲した物と人を降ろした赤ひげは、今度はジェノヴァのあるリグーリア地方を目指して一路北上した。ドーリアへの嫌がらせだが、ドーリアと一戦交じえる危険を考慮して、ジェノヴァは避け、ジェノヴァから遠い南仏《なんふつ》との境の地方を荒らしまわったのである。リグーリアの沿岸地方への接近は、ジェノヴァの旗をひるがえしてであったのはもちろんだ。

しかし赤ひげは、リグーリアの沿岸を荒らしまわるのでも、深入りは避けた。海賊来襲の知らせがドーリアに伝わる前に早くも、赤ひげと四十隻は、今度は帆柱高くひるがえる旗を法王旗に代えて、法王庁領土であるラツィオ地方に向って南下していたのである。

だがここでも、海軍基地のあるチヴィタヴェッキアにも、ローマの外港であることから警備も固いオスティアにも近づいていない。接岸し上陸し、略奪し拉致するのに、警備の薄い地方しか狙わなかった。その後で立ち寄った南イタリアでもシチリアでも、赤ひげはこの方針を変えなかった。一地方当たりの収獲は少なくても、キリスト教国の軍船と対決する危険だけは徹底して避けたのである。被害に泣いたのは、中央の防衛力の及ばない地方に住む、名もなく、ゆえに無防備な、庶民なのであった。

こうして、「神聖同盟」で始まった一五三五年であったのに、キリスト教側がそれを活用したのはその年の前半だけで、後半は、赤ひげが活用したことになったのである。チュニスを奪われアルジェに逃げ帰るしかなかった赤ひげも、ようやく胸のつかえがおりた、という想いであったろう。トルコ海軍総司令官としてはともかく、海賊としてならば、面目は充分に回復したのであったから。

トルコ側の史料によれば、彼らの海軍の総司令官の生年は、西暦に直せば一四七六年だという。ならば、チュニスから逃げざるをえなかったこの年には、五十九歳に達していたことになる。この年齢にして、このエネルギーだ。頭脳・肉体ともに、アンドレア・ドーリアとは良い勝負であった。

そのうえ赤ひげは、自分をトルコの正規海軍の総司令官に任命しておきながら首都のコンスタンティノープルには駐在させず、「イスラムの家」の外である西地中海に送ったスレイマンの意図も、完璧《かんぺき》に理解していたのである。海戦に勝つのも重要だが、海賊業に徹するのも、「イスラムの家」拡大という大戦略のうえではそれに劣らず重要であることを、完璧に理解していたのだった。

赤ひげは、チュニスをキリスト教側に渡してしまったことをわびるために、スレイマンのいるコンスタンティノープルに駆けつけることもしなかったし、手紙さえも送らなかったようである。それよりも、ひたすら海賊業に徹したのだ。スレイマンからも、叱責《しっせき》の手紙は来なかった。

海賊業とてこの点ならばまっとうな私企業と同じで、事業の拡大は投資額に比例し、投資の拡大は実績に比例する。翌一五三六年の春と夏も海賊業にエネルギーを集中した赤ひげは、その年の末には、百隻のガレー船を持つ身になっていた。トルコ本国に支援を仰がなくても、その気になりさえすれば堂々と、キリスト教連合軍とさえも張り合える軍事力を持つ身になったのである。これだけでも赤ひげは、トルコのスルタンにとって重要な「駒《こま》」になったのだが、その重要度をさらに高めたのは、この年の後半を彩《いろど》ったスペイン対フランスの、熱戦の勃発《ぼっぱつ》であった。

十六世紀前半を、歴史学者たちは、ヨーロッパ政治のパワーゲームの時代と呼ぶ。この時代の主人公は、フランス王フランソワ一世と、スペイン王で神聖ローマ帝国皇帝でもあったカルロスの二人だ。なぜこの二人の間で熾烈《しれつ》なパワーゲームが行われることになってしまったのかの要因を、列挙すれば次のようになるかと思う。

第一に、両人ともが皇位に就いた当初からすでに、広大な領土を支配する専制君主であったこと。

領土の広さならば、スペイン、ドイツ、オランダ、ハンガリー、そして新大陸を支配していたカルロスが断じて優位に立つが、国土の大部分が平地でできているフランスは、国土イコール耕作地であり、それゆえに豊かで人口密度も常に高かった。産業革命を経験する以前のヨーロッパの主産業が、一貫して農業であったことを忘れるわけにはいかない。そして、経済的に豊かで人口密度も高ければ、大軍の編成も、他の国々よりはずっと容易になるのである。

第二は、両人とも、たかだか六歳の差があるだけの同世代に属したこと。相手との年齢差が大きければ死んでくれることも期待できるが、六歳ではそれもできなかったのだ。

第三は、ほぼ同じ時期に若くして権力をにぎり、しかも両人とも、フランソワは三十四年間、カルロスは四十二年間という、長期にわたる治世を享受《きょうじゅ》した君主であったこと。

フランソワは、二十一歳でフランスの王に即位し、カルロスは、十六歳でスペイン王に、十九歳で神聖ローマ帝国皇帝に選出されている。スレイマンも、トルコのスルタンに即位したのは二十六歳の年だった。

この時代に活躍した人物の中でも著名な人のみをとり出すとすれば、次頁《ページ》のような表になる。

フランスの王フランソワ一世は、文化好きであっただけでなく、明晰《めいせき》な頭脳の持主でもあった。母方からスペインを、父方からドイツを相続すること確実なカルロスの存在が、フランスにとって危険になることに早くから気づいていた。

フランソワ	フランス	1494〜1547年
カルロス	スペイン	1500〜1558年
スレイマン	トルコ	1494〜1566年
アンドレア・ドーリア	イタリア(ジェノヴァ)	1466〜1560年
赤ひげ	トルコ	1476〜1546年
ミケランジェロ	イタリア(フィレンツェ)	1475〜1564年
ティツィアーノ	イタリア(ヴェネツィア)	1487〜1576年

主要な人物の生没年

スペインの王位もドイツの領主の地位も相続権だが、神聖ローマ帝国皇帝は、選帝侯と呼ばれる諸侯たちの選出によって決まる。前皇帝マクシミリアンの孫ゆえカルロスが継ぐのは当然と思われていたその選挙に、フランソワが対立候補として名乗りをあげたのだった。表向きの理由は、カルロスの十九歳という若さにあったのだが、それを主張するのが二十五歳では、説得力も弱かったのかもしれない。いずれにせよこれが、以後三十年にわたってくり広げられる、フランソワ対カルロスの抗争の始まりになる。

この両人の抗争の舞台がイタリア半島になったのも、十五世紀末から始まった時代の変化と無縁ではない。

中世後期からルネサンスまでの時代は、「質」

の時代であったと言える。伝統的な経済基盤であった土地を持つ、封建領主の生れではないが、頭脳と手を使っての技能ならば自信はある、と考える人々が集まって出来たのが「都市国家」である。それゆえにフィレンツェやヴェネツィアが代表するイタリアの都市国家の生産性は大変に高く、十万の人口で一千万前後の人口をもつフランスやスペインやトルコに匹敵する経済力をもつようになっていたのである。フィレンツェの銀行の融資がなければフランス王もイギリス王も戦争ができなかったし、ヴェネツィアやジェノヴァの海上輸送力がなければ、パレスティーナの十字軍国家も二百年もは持たなかったのであった。

しかし、同時代の歴史家グイッチャルディーニも書くように、一四九四年のフランス王のイタリア侵攻をもって、この時代も終わった。都市国家の時代は去り、領土国家の時代になったのである。個々人の能力は劣り生産性も低くても、人口が多いほうが勝つ時代になったのだ。近世とは、「量」の時代なのである。これが、十六世紀に入って以後のフランスであり、スペインであり、トルコであり、イギリスであったのだ。

ドイツは、神聖ローマ帝国でまとまらないかぎりは、王ではなくても大領主ではある各諸侯に分裂していたので、中央集権国家としては出遅れる。だが、軍事力としては、「ランツィケネッキ」と呼ばれるプロテスタント派の農民兵が、スイス人の歩兵と並んで、ヨーロッパで行われる戦闘を決める戦力の、主力になりつつあった。これもまた、人口の多い領土型の国家がヨーロッパの運命を決めるようになった、時代の変化を示していたのである。

ちなみに、十六世紀前半の主要国の人口は、研究者たちによれば、おおよそは次の程度であったとなる。

トルコ――（エジプト、北アフリカを除く）一六〇〇万人
フランス王国――一六〇〇万人
スペイン王国　――八〇〇万人
ポルトガル王国――一〇〇万人
イギリス王国　――三〇〇万人
ドイツ　　――一〇〇〇万人
イタリア――（ヴェネツィアを除く）一一〇〇万人
ヴェネツィア共和国――ヴェネツィア本国だけならば、二〇〇万人。イタリア北東部の属領を加えて、一四五万人。

この時代、都市国家であったからこそ個々の市民の能力が最高度に発揮され、その結果として、経済から文化に至るまでのあらゆる面での繁栄を享受していただけにかえって、イタリアは、「量」で勝負する領土型の中央集権国家という時代の波に、完全に乗り遅れてしまったのである。このことに対する危機意識が、都市国家の典型であったフィレンツェ共和国に生れたマキアヴェッリに、『君主論』を始めとする警世の書の傑作を書かせたのであった。

この時代のイタリアで、十六世紀に入った後も独立を維持しつづけ、それでいながらヨーロッパの主要国の一つであることにも成功していたのは、ヴェネツィア共和国だけであった。

それ以外は、南イタリアとシチリアはすでにスペイン支配下に入っており、フィレンツェを中心としたイタリアの中央部も、事実上はカルロスの保護国になっている。フィレンツェ共和国は打倒されメディチ家が支配するトスカーナ大公国に代わっていたが、カルロスの後援があったからこそ、メディチ家も復帰できたのだから。

また、中部イタリアに法王庁領土をもっていたローマ法王庁も、スペイン色の濃い反動宗教改革の波を浴びて、カルロス側に傾きつつあった。それに、かつてはヴェネツィアと並ぶ海洋都市国家の雄であったジェノヴァまでが、アンドレア・ドーリアがカルロス下で働くことで、ようやく共和国の名だけは保っている有様。つまり、ヴェネツィアを除くイタリア半島のほとんどが、スペインの領土内に組みこまれていたのである。

これに危機意識をもったのが、イタリアとは国境を接するフランスだった。このフランスとスペインが正面からぶつかったのが、一五二五年のパヴィアの会戦である。だが、イタリアでの覇権を賭けて激突したこの戦闘に、フランス王は敗れただけでなく捕虜になってしまう。三十一歳のフランソワは、二十五歳のカルロスの前で、死ぬほどの屈辱をかみしめたことだろう。一国の王としての危機感に、一人の男の怨念《おんねん》が加算された。

ところが、それから十一年が過ぎた一五三六年、今度はミラノの領有をめぐって、またしてもフランソワとカルロスの抗争が火を噴いたのである。

一五三六年の十月、ミラノの領主であった公爵スフォルツァが、跡継ぎを残さずに死んだ。

早速、フランソワは、スフォルツァ家の前にミラノを領有していたヴィスコンティ家の息女がフランス王に嫁いだという二百年も昔の話を持ち出して、ミラノの領有権を主張する。もちろんカルロスは、耳も貸さない。両者の間に立っての法王パオロ三世の仲介も失敗した。

ミラノまでスペイン下に入ろうものなら、ヴェネツィア以外のイタリア半島は完全にカルロスのものになる、と思っているフランソワは一歩もゆずらない。一方、ミラノさえものにすれば残るはヴェネツィアだけだ、と思っているカルロスも、実力行使も辞さないかまえでは変りはない。フランソワは自軍に、南仏からジェノヴァに向けての進軍を命じた。カルロスのほうも、ドイツ兵にトリノまでの南下を命ずる。戦争の暗雲が、イタリアの北西部一帯をおおった。

だがここで、冬に入ったのである。冬の間は休戦するのは、実際に戦闘するのが不可能だからで、イタリアでも北部の冬は厳しい。それで両軍とも、トリノとジェノヴァの間でにらみ合う形で、冬営に入ったのである。

この冬の間に、フランソワが動いたのだ。いや、動きはすでに秋に始まっていたのだが、この同盟にフランス王がゴーサインを出したのは、冬になってからであった。

フランス・トルコ同盟

四十二歳になっていたフランソワ一世は、フランス軍もその最高司令官である自分も、戦闘は得意ではなくそれゆえに弱いという現実を、認めるしかない気持になっていたのかもしれない。とくに、スペイン兵だけでなくドイツ兵も使えるカルロスに対しては、どうやっても勝てなかった。それで、この悲観的な現状の打開策として新たな味方を求めたのだが、それが、キリスト教国のトップとしては考えられない相手であったのだ。

パリとコンスタンティノープルの間の連絡は、もっぱらフランス王の密使がトルコの宮廷に向うというやり方で行われている。これから見ても、フランスとトルコの同盟を持ちかけたのは、スレイマンではなく、フランソワのほうであった可能性が高い。とはいえ、当時最高水準の「インテリジェンス」を誇るヴェネツィアに、まったく気づかれないで実現したのだから巧妙だった。

翌一五三七年に入って明らかになったフランス・トルコ同盟に、キリスト教世界は仰天し、ローマ法王は悲嘆にくれ、各国はいっせいにフランスを非難した。

なぜなら、これまでトルコとの間に条約を結んでいたヨーロッパの国はヴェネツィア共和国だけであったが、ヴェネツィアがトルコと結んでいたのは友好通商条約であって、軍事条約ではない。交易の自由をトルコもヴェネツィアも互いに認め尊重する、ということを決めたものであり、軍事面で共同戦線を張ることを定めたものではなかった。それなのに、フランスがトルコと結んだのは、純粋に軍事上の同盟条約なのである。それは、条約の内容が如実《にょじつ》に示していた。

フランス軍が北伊でカルロスの軍を釘《くぎ》づけにしている間に、トルコ海軍はスペインの支配下にある南イタリアを襲撃する。

これによってカルロスは、北伊と南伊の二方の戦線に軍事力を投入する必要に迫られ、その当然の帰結として、トルコ陸軍が攻勢に出ているウィーンを中心とする中欧の防衛に、兵を送るのもむずかしくなるだろう。こうなれば、トルコ軍によるヨーロッパへの進攻も、以前よりはよほど容易になるはずだ。

これが、フランスの王とトルコのスルタンの間に成立した条約の主旨である。フランス王は、カルロス憎しのあまりにイスラムにキリスト教徒を売った、と言われたのも、あながち誤りではなかった。

トルコのスルタン・スレイマンも、フランス王との共闘戦線のスタートに際して、陸海ともに軍事力の再編成に着手していた。赤ひげがコンスタンティノープルに呼ばれたのも、そのためであったのだ。ユダヤ人シナムも、召集を受けた一人だった。

赤ひげの、トルコ海軍総司令官の地位は再確認され、西地中海という担当海域も再確認された。ただし、これまでとちがって、スレイマンは赤ひげに、明確な目標を与えたのである。それは、チュニス奪回などではなく、南イタリアに上陸して基地を確保し、そこを基点に南伊全域にわたって、略奪・破壊・焼打ちを展開せよ、ということであった。そのために、スレイマンから赤ひげに、豊富な資金が与えられた。

海賊こそ、略奪・破壊・焼打ちを仕事としているのだが、荒らし終わった後は収獲をもって本拠地に帰るのが普通だ。それを、帰らずに居残り、従来の海賊行為の輪を南伊全域に広げよ、というのが、スレイマンが赤ひげに与えた命令であった。カルロスの軍事力を北伊と南伊に分離するための策なのだから、赤ひげが、荒らした後で帰国してくれたのでは、目的の達成には結びつかないからである。

つまり赤ひげは、海賊の行動をすると同時にトルコ帝国の非正規軍もしなければならなくなったわけで、それを部下の海賊たちに納得させるためにも、海賊専業であった頃と変わらない収入は保証してやらねばならなかった。いや、保証しなければ、部下も集まらなかった。スレイマンが赤ひげに与えた豊富な資金は、傭兵料《ようへいりょう》でもあったのだ。

ユダヤ人シナムにも、スレイマンは、新たな任務を課した。シナムの仕事場は、紅海に移る。紅海の出口、今で言えばソマリア沖で張っていて、インドに向うポルトガル船を襲うのだ。ヴァスコ・ダ・ガマによってアフリカの喜望峰をまわる新航路が発見されて以来、この航路を通ってインドに香辛料を買いに行くのはポルトガルの独占になっていたが、金や銀貨を積んでインドに向う途中で襲い、ごっそりいただくというのが、トルコのスルタンから海賊シナムに課された任務だった。ポルトガルが、スペインの同盟国であったからである。

新たな任務を帯びてアルジェに帰ってきた赤ひげは、勇躍のあまりに意気盛んになっていたのか、またたくまに百隻《せき》を越える船団を編成した。それに、チュニスを除く北アフリカ全域から召集した海賊を乗船させ、任務遂行に出発したのである。

ただし、「フスタ」数隻を先行させ、用もないのにあちこち寄港させながら、偽《にせ》の情報をふりまくことも忘れなかった。赤ひげ船団は、紅海にいるユダヤ人シナムとの共闘のためにエジプトに向け航行中、という偽の情報だ。新しい任務は南イタリアのプーリア地方での基地確保だったが、プーリアのあるイオニア海一帯には、ヴェネツィアの諜報《ちょうほう》機関の網が張られていたからだった。

だが、ギリシアの西岸にまで近づいたところで、突然向きを変え、全速力で北西に向う。プーリア地方は、長靴の形をしたイタリア半島のかかとにあたる。それでも、ブリンディシやオートラントには向わなかった。プーリア地方の主要な港町であるこの二つの海港都市は、それゆえに守りも固く、攻略するにも簡単には行かなかったからである。それで、オートラントからは十キロ南にある、カストロという名の港に標的を定めたのだった。

四千人を越える海賊に襲われては、小さな港町は手も足も出なかった。今でも「サラセンの塔」と呼んでいる監視の塔から急を告げに人が町に走りこんできたときには、港の中はすでに海賊船でいっぱいになっていたのである。

赤ひげは、住民の全員を追いたてて、基地にするにふさわしい城塞《じょうさい》を築かせた。突貫工事で成った城塞の高い塔の上には、赤地に白の半月のトルコ帝国旗がひるがえった。

だが、海賊はやはり海賊で、兵士にはなりきれなかったようである。基地の建設などは住民にやらせ、彼らは周辺地域の略奪に精を出してしまったのだった。

これによって、「赤ひげ、プーリアの地に上陸」の報が、キリスト教側に知られることになった。

「サラセンの塔」には、附近の住民に海賊の襲来を告げるだけでなく、白煙をあげるやり方によって塔から塔へとニュースを伝えていく役割もある。プーリア地方の南の端にあるカストロで起ったことが、こうして、ナポリにいてスペインの副王の名で南イタリアを治めていた、ドン・ペドロ・アルバレスに伝わった。

アルバレスは、歩兵と騎兵からなるスペイン兵の一隊をただちに南下させる。と同時に、快速船を派して、赤ひげを探してティレニア海を航行中だった、アンドレア・ドーリアにも知らせたのである。

七十歳を越したとは信じられないほど、今度もドーリアの行動は早かった。快速船による連絡法を駆使し、各国に船を集結地のメッシーナまで送るよう求めた。と言っても、対処は急を要する。各国と言っても、シチリアの北東にあるメッシーナまで馳《は》せ参じることができる、距離にある国にかぎられた。

その年のドーリアは、二十五隻のガレー船を率いて、赤ひげを探しまわっていたのである。そのうちの二十二隻までが彼自前の船で、スペインの船は三隻でしかなかった。あいも変わらず、スペイン王カルロスは、海がわかっていなかった。ドーリアにフランス軍のイタリアへの海上輸送の妨害を命じながら、自分の側は三隻しか送らなかったのだから。どうやら、このときのドーリアの行動は、カルロスの許可は取らないで決行されたようである。結果さえ出せば、許可を乞《こ》う時間的余裕がなかった、とすることもできたのである。

参加国の網を広げなかったことも、幸いした。メッシーナには、一週間も過ぎないうちに、全船が集結した。

ドーリアは、自分の二十二隻とスペインの三隻を率いて到着する。すでにナポリからは、副王アルバレスが送った六隻が着いていた。数日後には、チヴィタヴェッキアからの、法王庁海軍の七隻が入港。そして、マルタからは騎士団の、二隻の大型帆船も到着する。騎士団からは、準備が整いしだい、あと数隻のガレー船を送ることができると伝えてきた。この段階で、戦闘用の船であるガレー船の数ならば、三十八隻になる。ドーリアの受けた情報では、赤ひげのもとには百隻のガレー船があるということだったが、ドーリアは、海賊船の多くが「フスタ」と呼ばれる小型のガレー船であることを知っていた。

それでも、三十八対百では、戦力に差がありすぎた。だがドーリアは、戦術を変えれば闘える、と思っていたらしい。これ以上、時間を敵に与えるよりも、と。それで、三十八隻のガレー船と帆船二隻から成る全船に、出港を命じたのである。

優れた武将には、何よりもまず地理に明るいことが求められる。おそらくドーリアも、カストロという、普通のジェノヴァの船乗りならば知らないプーリア地方の小さな港町の名を聴いただけで、その位置の見当がついただけでなく、その周辺の事情までが想像できたのだろう。

あそこならば赤ひげも、簡単に攻略し、基地化することならばできる。しかし、そこを基点にして南伊に攻めのぼるには、絶対にトルコ本国からの補給を欠かせない。アルジェは海賊のおかげで、海に面した一方を除いた三方を高い城壁で囲むほどの都市になっていたが、弾薬でさえも自給できる技術も工場もなかった。海賊業で繁栄していたために、製造業が育たなかったのである。長期にわたること必至の軍事行動に必要なすべては、トルコ本国からの補給に頼るしかない、とドーリアは見たのである。

ドーリアは、カストロそれ自体を攻撃しての奪回よりも、カストロへの補給を断つことにしたのだ。つまり、途中で待ちうけていて襲うという、ゲリラの戦術をとることにしたのだった。

しかし、この作戦で行く以上、どこで待ち伏せするかが、成功と失敗を分けることになる。コンスタンティノープルから出た船はマルマラ海を通り、ダーダネルス海峡を通ってエーゲ海に入る。そしてこの「多島海」を南下して、ギリシアのペロポネソス半島の南端に達するのだが、ここからイタリアのプーリア地方の南端には、イオニア海を北西に向けて突っ切れば、最も短距離で着ける。

だが、よほど自信のある船乗りに操縦されているか、それともよほどの大船団でもないかぎり、普通ならば沿岸航行を選んだ。それならば、ペロポネソス半島をまわったところでその西側を右手に見ながら北上し、コルフ島の近海まで達したら今度は舵《かじ》

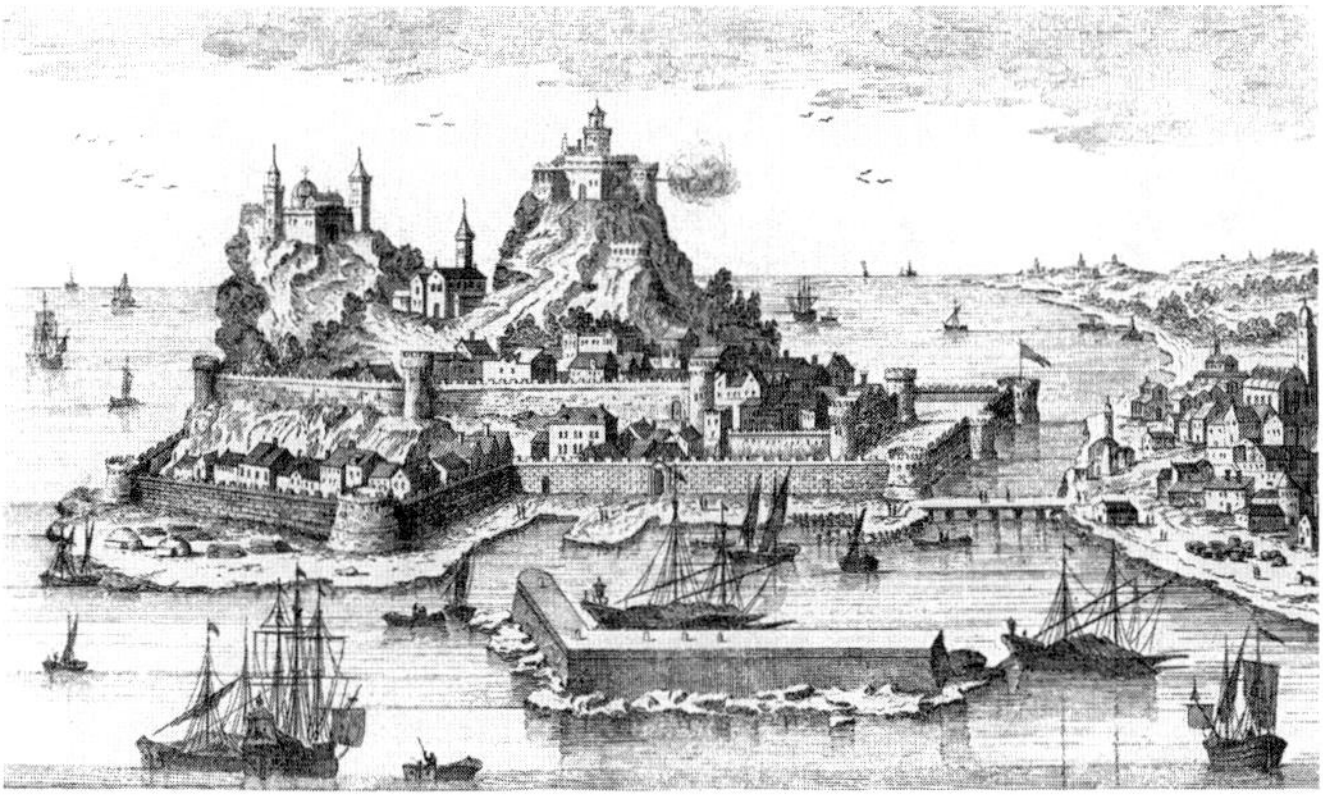

コルフ島の城塞

を北西に切り、プーリア地方の南端にあるカストロを目指す、という航路をとるはずだ、とドーリアは予測したのである。それで、コルフ島の南端で、待ちうけることにしたのだった。

コルフ島は長年ヴェネツィア共和国の重要基地だが、トルコとは通商条約を結んでいるヴェネツィアは、ここずっと中立を保っている。この島の近くで待ちうけていても、背後をおびやかされる心配はなかったのである。

ドーリアにとって幸運であったのは、敵が予測したとおりに行動してくれたことに加えて、早く行動してくれたことだった。

数日待っただけで、水平線にトルコの輸送船が現われたのである。トルコの帆船は、種類だけでも数多い帆の活用に高度な技能を要する三角帆を嫌い、上げ下げだけですむ四角帆の船が多い。それで、遠くからでもすぐにわかる。そのときのトルコの輸送船は十四隻で船団を組んでおり、順風を受けて北上してくる。

ドーリアは、全船の帆柱高く、それぞれの所属する国の旗をかかげさせた。これは、トルコ船も見た。だが、引き返すには遅すぎる。それで、舵を北西に切り、目的地のカストロに逃げこむことにしたのだ。

ドーリアは、もちろん追跡する。しかも、自分の二十二隻には、ジェノヴァの船乗りにしかやれない高度の操縦を命じた。まず、三分の一が先まわりして、逃げるトルコ船団の前方にまわりこむ。別の三分の一は敵船の右側に、残りの三分の一は、敵船の左側にまわる。こうして三方を押さえた残りの一方は、他のガレー船が閉じる、という形になった。帆を降ろし櫂《かい》だけでも動けるガレー船だからできた戦術だが、これによってトルコの十四隻は、海の上で囲まれてしまったことになった。

輸送船だから、兵士も多くは乗せていない。それでも、船乗りもふくめて八百人は乗っていたというが、大砲を一回撃っただけで全員が手をあげた。

その船団には、食糧や銃弾や火薬が満載されていたが、船乗りを尋問した結果、出港地はトルコの首都コンスタンティノープルではなく、スルタンの命を受けたシナムが調達して、エジプトのアレクサンドリアから発《た》たせたとわかる。ドーリアが誤ったのは、この一点だけであった。いや、もう一つ誤った。一隻だけにしろ、逃がしてしまったことだった。

カストロで待っていた赤ひげは、やっとの思いで入港してきたこの一隻から、ドーリアによるゲリラ作戦の成功を知ったのである。そして、ドーリアも、一隻を逃がしたとわかった時点で、赤ひげが出てくることを確信した。だが、逃げる気はなかった。また、逃げる必要もなかった。

トルコの輸送船団が積んでいた物資は、全船で山分けしたので、まだしばらくの寄港なしの航行も可能になったのだ。捕虜になった八百人のトルコ人とイスラム化したギリシア人は漕《こ》ぎ手に使うことにしたので、キリスト教徒の漕ぎ手たちは兵士に加えられる。また、マルタからは四隻のガレー船が到着したので、四十二隻のガレー船に二隻の大型帆船を、ドーリアは使えることになった。

これならば、たとえ百隻率いて来ようが赤ひげ相手に闘える、と思ったのだ。それに季節も、七月の後半に入ったばかり。海上での戦期はまだ充分にあった。

ドーリアは、あらゆる方角に偵察船を出し、情報を探ったのである。そのうちの一隻が、十二隻のトルコのガレー船の北上を知らせてきた。しかも、このガレー船団が寄港した港に潜入し、この船団に関する貴重な情報まで探り出してきたのである。

十二隻のガレー船団は、スルタンの親衛隊として勇名を馳せるイェニチェリ軍団の兵士を満載していること。

目的地は、アドリア海東岸にあるヴァローナであること。

ヴァローナ行きは、陸上を来るスルタン・スレイマンによるヴァローナ攻略の、準備を整えるためであること。

現代ではアルバニア領になっているヴァローナは、アドリア海をはさんでイタリアのプーリア地方と向い合う位置にある。アルバニアからイタリアを目指す不法移民たちがゴムボートで発つ港がヴァローナだが、ヴァローナからだと、アドリア海でも最も狭い箇所を渡ってくることになるからだ。五百年昔のトルコのスルタンも、似たような考えであったようだった。ヴァローナを攻略して、その対岸にある南伊への攻勢の基地にする、と考えたのだから。ヴァローナからカストロまでは、アドリア海のひ

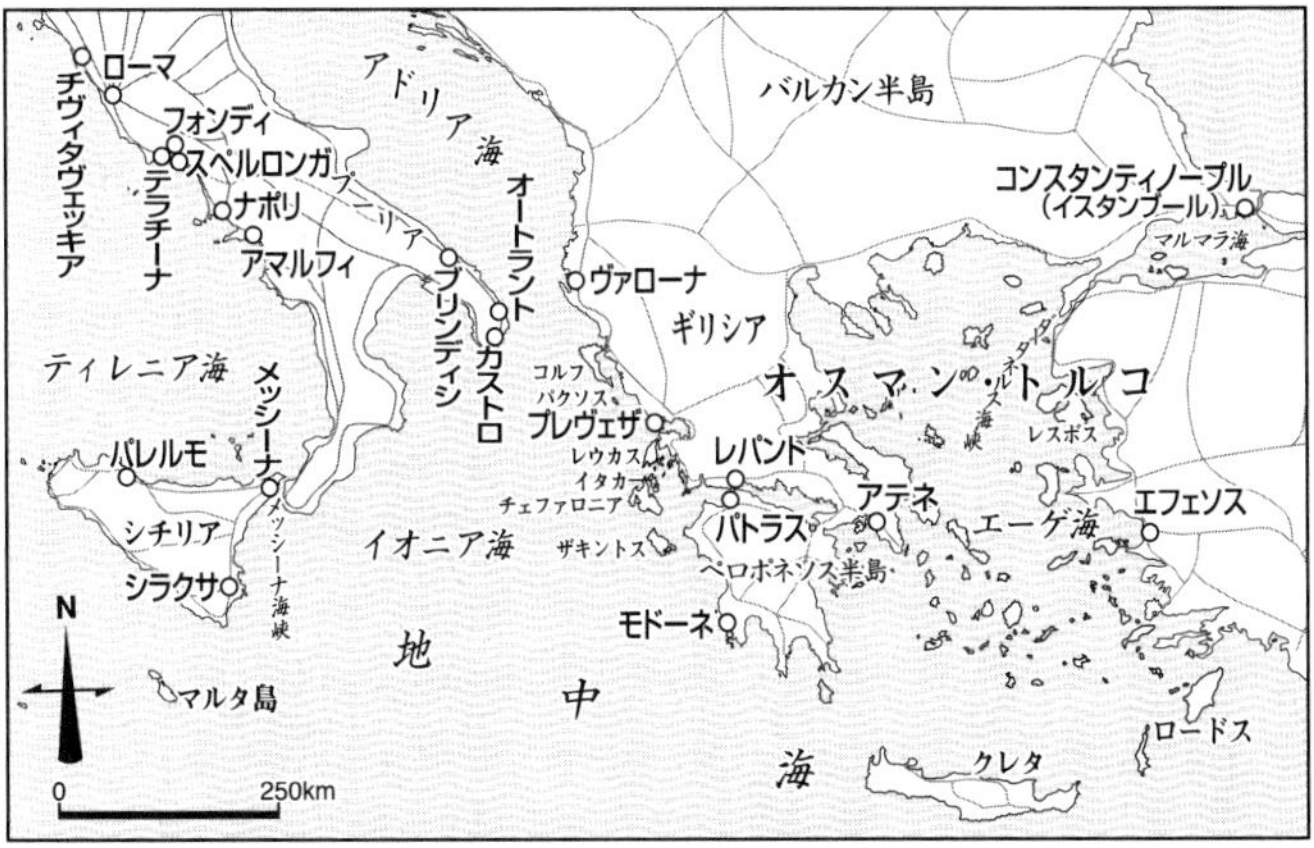

イオニア海・エーゲ海周辺

とまたぎで着けた。

今度もまたドーリアは、誰にも許可を求めなかった。目的はただ一つだった。十二隻のトルコのガレー船をヴァローナに着く前に撃破する、である。この船団もまた、ギリシアの西岸に沿って沿岸航行で北上してくる、と見る。帆船よりもガレー船のほうが、沿岸航行を選ぶ率が高かったこともあった。

それで、コルフ島とギリシア西岸の間の、海峡で待ちうけることにしたのである。だが、戦場になる海域は、帆船団を待ちうけていたコルフの南よりは断じて狭い。狭い海域では、数が多いと味方同士で激突してしまう危険があった。
それに、敵は十二隻である。ドーリアは、今度の待ち伏せには、マルタからの四隻と自分所有の十一隻から成る、十五隻だけを連れていくと決める。だが、この十五隻の漕ぎ手は、全員がキリスト教徒の自由民であることが決まりだった。激戦を予想したドーリアが、接近戦となったときに兵士に変われる漕ぎ手を求めたからである。残りの船には、近くのパクソス島で待機するよう言い渡した。

予想していたとおり、トルコのガレー船十二隻は海峡に入ってきた。まだ、海峡の奥で待ちうけるドーリア船団には気がついていない。その夜は、満月に近い月夜だった。それでドーリアは、待たずにこちらからも前進を命ずる。こうして、一方の岸に立てば対岸が見わたせるほど狭い海峡で、十五隻と十二隻は激突した。

イェニチェリ軍団とは、定期的に巡回してくるトルコ政府の役人によって、トルコ帝国に住むキリスト教徒の家庭から強制的に連れ去られた十歳に満たない年頃の少年たちが、軍務をたたきこまれて育った男たちで構成されている。もちろんイスラムに改宗させられ、独身が決まりの集団生活を送ることで、イェニチェリ軍団兵と言えば、トルコ軍の精鋭の代名詞になっていた。頼れる親もなく育てば、ごく自然に、頼ることができる唯一《ゆいいつ》の人である、スルタンに忠誠を誓うようになる。イェニチェリ軍団がスルタンの親衛隊とされるのも、勇猛さに忠誠が加わるからだった。

強制連行された少年たちの中で、とくに利発と見られた者は、スルタンの宮廷で、今で言えば中央官庁の高級官僚としての道に進む者も少なくない。中には、大臣にまで出世する者も珍しくなかった。同時代人であったマキアヴェッリが書いたように、「トルコ帝国は、スルタン以外は全員が奴隷《どれい》」というのも、的を射た指摘であったのだ。

ジェンティーレ・ベッリーニによるイェニチェリ兵の素描

官僚にスカウトされなかった者の全員はイェニチェリ軍団の兵士になったのだが、彼らには彼らのオキテがあった。背を見せた者は、仲間であっても殺す、である。敵の前から逃げれば同僚から殺されると決まっていたのである。当然、キリスト教徒の前から逃げるなど、論外だった。

このイェニチェリ軍団兵を迎えては、夜半過ぎて始まった戦闘も最初から激戦にならざるをえない。月に照らされた船上を舞台に、激突した敵船に乗り移っての白兵戦がくり広げられた。半月刀が月の光を受けてきらめくたびに、キリスト教側の兵士の悲鳴がひびきわたる。だが、その半月刀の持主も、次の瞬間には小銃の犠牲になって動かなくなる。激闘のまま、朝を迎えた。

朝の白い光が、戦闘の残酷さを今さらのように浮びあがらせた。トルコ側の被害もすさまじかったが、キリスト教側ではとくにマルタの四隻が、地獄絵図そのものの惨状をさらしていた。

それ以外でも、両軍とも櫂がかみ合っていて、大砲を撃つのも不可能な、動けない状態になってしまっている。ドーリアは、戦術を変えるしかないと悟った。そして、この混戦状態にカタをつけるのは砲撃しかない、と決めた。

ガレー船に装備されている大砲は、船腹に並ぶ漕ぎ手を守るために、船首か船尾にそなえつけられるのが普通だ。だが、キリスト教国のガレー船では、しばらく前から、左右の船腹からも砲撃ができるように、漕ぎ手の並ぶ横側の一段高い段の上に、九十度は角度を変えて撃てる回転式の砲台がそなえつけられるようになっていた。しかし、この技術改良も、それまで必要に迫られなかったのか使われたことがなかったのである。ドーリアは、これを使うと決める。

早速、法王庁海軍司令官のオルシーニと、マルタ騎士団の司令官のストロッツィが召集され、この戦術で行くことが伝えられた。各船では、船首にあった大砲の、船腹への移動が始まった。

ドーリアも司令官だが、イェニチェリに立ち向う決死隊の十五隻に、参加国の司令官全員が、自ら参戦していたのである。

そしてその頃には、敵船とかみ合っていた船も、少しずつ離れ始めていた。これなら撃てる、という距離まで離れたのが合図だった。

回転式の砲台座から、大砲がいっせいに火を噴いた。トルコのガレー船の横腹に、次々と命中していく。至近距離からの砲撃であったので、船高の低いガレー船でもひとたまりもなかったのだ。

一隻は、見るまに沈没した。激しい砲撃を浴び、眼の前で沈没した友船を見て、さすがのイェニチェリ軍団兵も、隊長のアリ・ゼリフを先頭に降伏した。

両軍とも、被害のすさまじさでは差はなかった。それでもトルコの十一隻は捕獲された。イェニチェリ軍団の兵士八百人も捕虜になる。トルコ側の死者が何人であったのかは、記録されていない。だが、負傷者は二千五百人にのぼったと記録にあるので、イェニチェリ軍団兵が乗っていたガレー船は、漕ぎ手までが、キリスト教徒の奴隷ではなくてトルコ人であったことを示していた。それで、イスラムの船を捕獲した際には必ず記述される、解放されたキリスト教徒の漕ぎ手たちのことが記されていなかった理由がわかるのである。

キリスト教側の死者は三百。負傷者は千二百人にのぼった。沈没した船はなかった。

アンドレア・ドーリアは、その日のうちに、自軍の十五隻と捕獲したトルコの十一隻を率いて、自軍の残りが待機するパクソス島に向った。季節は夏、死者の埋葬と負傷者への治療は急ぐ必要があったのだ。

だが、そこで知ったのだった。赤ひげが、全船を率いてこちらに向っていることを。この状態では、赤ひげが相手でなくても、再度の海戦は不可能だった。まだ八月に入ったばかりだったが、全船を率いてメッシーナに帰港することにした。赤ひげの前から逃げることになるが、勝ったとはいえ味方の犠牲も大きく、それしか道はなかったのである。

シチリアが水平線上に望めるところまで、全船が一団となって航行した。海賊船団に出会う危険が常にあったのだ。だが、シチリアの近海まで来て、騎士団の船が分かれてマルタ島に帰ることになった。二隻の帆船の引航なしには進めないくらい、マルタの四隻のガレー船の破損はひどかった。

メッシーナには、無事帰港した。だがそこからは、ドーリアの船団も法王庁の船団も、ジェノヴァにもチヴィタヴェッキアにも帰らず、秋まではそのままメッシーナの港に留まることに決めた。赤ひげと彼の百隻を、健在なままでイオニア海に残してきたのである。いつ事態が急変するかは、ドーリアとて予測はつかなかった。

ヴァローナで待つはずだったイェニチェリ軍団兵の運命を知ったトルコのスルタンは、激怒したが、連れてきた軍勢でヴァローナを占領することはしたのである。精鋭を海上輸送してしまったのが悔やまれたが、イェニチェリ軍団なしには占領を定着することさえも危うい。そして、ヴァローナの占領を定着させるのは、そのすぐ近くにあるコルフのヴェネツィア基地の出方にかかっている。スレイマンは、連絡をとってきた赤ひげに命じたのだった。コルフ島を攻めよ、と。

「法の人」と呼ばれることをことさら好んだといわれるスレイマンも、怒りの前には理性を忘れたようであった。コルフ島は、ヴェネツィア共和国の領土である。そのコルフを攻撃するのは、ヴェネツィアとの間で結んでいる友好通商条約に違反することになる。

しかし、スレイマンにすれば、そのコルフの近海でドーリアが二度にわたってトルコ軍相手に好き放題に振舞ったのを、コルフのヴェネツィア基地が傍観しつづけたこと自体が、友好条約に違反した行為になる、というのだった。

通商条約は、軍事条約ではない。だからこそヴェネツィアは、まさかの事態を配慮して本国から支援のガレー船団を送り出してはいたが、中立は完全に守ったのである。

ドーリアも、その辺りの事情は理解していた。それで、待機させる船団も、コルフには送らずにパクソスに送ったのだ。あらゆる面で設備の整ったコルフ島を使えたら、よほど好都合であったにかかわらず。イタリア人には理解できた理《ことわり》が、トルコ人には理解できないのであった。

ヴェネツィア共和国が、アドリア海の出口の守りとして長年にわたって防衛設備の強化に努めてきただけに、赤ひげとその百隻に攻められても、コルフはびくともしなかった。

しかし、公式にもトルコ海軍の総司令官である赤ひげが攻めたということは、しかもヴァローナにいるスレイマンの眼の前で攻めたということは、ヴェネツィア共和国にとって、トルコから宣戦布告を突きつけられたと同じことになる。

また、ウィーンに性懲《しょうこ》りなく攻勢をかけつづけているスレイマンが、地中海でも、一度の攻撃だけであきらめるとは思えなかった。

それに、アドリア海の東岸にあるヴァローナがトルコ側に入り、西岸のカストロとその周辺がトルコの基地として定着しようものなら、ヴェネツィアは、アドリア海への出入口をふさがれてしまうことになる。

ヴェネツィア政府は、アドリア海にある各地のヴェネツィア基地に臨戦態勢を布《し》かせると同時に、本国では、これまで注意に注意を重ねて維持してきた中立政策の是非をめぐって、元老院では連日、白熱した討議が行われていた。

事態の鎮静化は、秋とともにもたらされた。

スレイマンは、コンスタンティノープルに帰って行った。赤ひげは、カストロの基地にもどる。

送り出していた偵察船の報告でそれを知ったドーリアは、ただちにメッシーナを後にイオニア海に向ったが、赤ひげ船団の最後尾に追いつき、その数隻を撃破することまではできたが、赤ひげの本隊はカストロの港に入港していて、それ以上の戦果は得られなかった。結局ドーリアも、メッシーナに引き返すしかなかったのである。

引き返す途中で、コンスタンティノープルに向うフランス大使を乗せた帆船団を見つけたのだが、順風を帆いっぱいに受けた帆船団には逃げられてしまう。ドーリアも、激動で過ぎた半年間の疲れが出たのかもしれなかった。

メッシーナには数日寄港しただけで、ドーリアにとっては母国であるジェノヴァに向った。フランス軍への防衛に精いっぱいの祖国を、これ以上放っておく気になれなかったからである。

途中まで同行した法王庁船団も、別れてチヴィタヴェッキアの港に帰還する。

フランスとトルコの軍事同盟締結でわいた一五三七年も、こうして過ぎたのである。フランソワ一世がジェノヴァを手中にすることもできないでいるうちに、ミラノにはカルロスの軍が入っていた。

トルコ軍は、あいかわらずウィーンを攻めあぐねている。スペイン下にある南イタリアへの、赤ひげを先陣に立てたトルコの攻撃も、カストロとその周辺だけに留まっていた。

アンドレア・グリッティ

そして、ヨーロッパの二大強国であるフランスとスペインの激突の余波をかぶってしまった感じのヴェネツィアでは、中立の是非をめぐる白熱した討議の席には常に、元首《ドージェ》アンドレア・グリッティの苦渋の顔があった。元首グリッティの詳細については、『海の都の物語』下巻の「二大帝国の谷間で」にゆずるが、当時のヴェネツィアの指導者の中で、彼ほどトルコを知っていた人もいなかったのだ。なにしろ、彼自身のトルコ経験の深さに加えて、トルコに住み、イスラムに改宗した息子を持った人でもあったのだから。この息子に関しては、以前に私は、『聖マルコ殺人事件』で描いている。

しかし、アンドレア・グリッティの資質と経験をもってしても、この時期のヴェネツィア共和国が直面した難題を解決することはできなかった。前の年の冬に動いたのはフランス王のフランソワ一世だったが、この年の冬の間に動いたのは、ローマ法王のパオロ三世になるのである。

対トルコ・連合艦隊

いかに長靴の踵《かかと》の先端に位置する小さな港町でも、カストロは、イタリア半島に属す。そこにトルコの旗がひるがえっているという現実は、ローマにいる法王パオロ三世にとって、気分の良いものではまったくなかった。

陸つづきというのは、間に海があるのとちがって、感じる脅威には格段の差がある。とくにトルコの陸上での強さには、キリスト教諸国の君侯の中で異論を唱える者はいなかった。そのトルコが、カストロを基点にいつ大軍を北上させてくるかわからないのである。ウィーン戦線での防衛に奮戦しているハンガリー王に軍資金を集めて送るのはローマ法王であったので、戦線から遠く離れたローマにいても、法王パオロ三世は、前線にいるのと変わらない危機意識をもっていたのだった。

この時期、法王宮の一郭にあるシスティーナ礼拝堂では、六十歳を越えてもなお創作意欲の衰えを見せないミケランジェロが、『最後の審判』の制作に取り組んでいた。若い頃にフィレンツェに留学していたこともあって、パオロ三世もルネサンス文化にはどっぷりつかった人であったと言ってよい。『最後の審判』を描くようミケランジェロに依頼したのは前法王のクレメンテだったが、それが一五二七年の「ローマの掠奪《りゃくだつ》」で中断されていたのを、あらためて依頼したのはパオロ三世である。

システィーナ礼拝堂は、三十代の頃のミケランジェロが描いた『天地創造』の大天井画が圧倒的な存在感をもって君臨していたが、奥の壁一面にミケランジェロが制作中の『最後の審判』が完成すれば、左右一対《つい》という感じで両側を埋めているボッティチェッリやギルランダイオやペルジーノたちの壁画と合わせて、法王シストの礼拝堂という意味で「カペッラ・システィーナ」と呼ばれるこの礼拝堂全体が、イタリア・ルネサンスの一大殿堂になるのだった。

この想《おも》いが、最後のルネサンス法王と言われたパオロ三世の胸に、暖かい火をともしつづけたとしても不思議ではない。対トルコや互いに争いを止《や》めないキリスト教諸国を思って緊張した日々をつづけられるのも、その合い間合い間に挿入される木漏れ日にも似た暖かさがあってこそである。七十歳に達しようというのに毎日のように制作の現場を訪れては、七歳年下のミケランジェロからうるさがられていたという。『最後の審判』の中央に描かれたキリストは、優しく慈悲に満ちたキリストではまったくなく、怒り猛《たけ》るキリストであった。自分とは同世代の芸術家の描く怒れるキリストを、法王は嫌いではなかったという。キリスト教世界の精神上のリーダーとしてのこの人が直面していたのも、怒り猛っても無理ないと思うしかない難問であったのだから。

だが、外交は、怒りは隠さないと進まない世界でもある。法王パウロ三世は、トルコに対するキリスト教諸国同盟の結成を提唱したが、それを進める過程では、忍耐に忍耐を重ねていたのだった。

キリスト教世界を守るのが目的で創設されたのが神聖ローマ帝国であり、その皇帝であるからには当然だが、まずはカルロスに特使を派遣する。南イタリアの一角とはいえ自分の領土内にトルコの基地が建設されたのはカルロスでも座視は許されなかったから、スペイン王からの回答は予想どおりのものだった。

ほぼ同時に、法王は、フランス王のフランソワ一世にも参加を呼びかけている。トルコと同盟関係にあることは承知のうえで、それでもキリスト教世界の防衛という大義を持ち出して説得に務めたのだ。だが、トルコと組むまでしての対カルロス戦線がいっこうに実を結ばないのに失望していたフランス王からは、期待した返事は返ってこなかった。

法王は、ならばせめてカルロスと休戦してはと持ちかけたが、それにもフランス王は良い返事をしない。中世時代のローマ法王には「破門」という最強の武器があったが、ルネサンスを経たこの時代の王侯には効き目はなくなっていたのである。

しかし、法王パオロがフランスよりも執着したのは、ヴェネツィア共和国を同盟に引き入れることであった。

対トルコ同盟結成の目的は、イタリア半島とギリシアをへだてるイオニア海にまで進出してきたトルコの勢力を一掃することにある。当然それに使われる「手段」は、陸上軍よりも海上戦力になる。海上戦力となれば、一千六百万というヨーロッパ最多

法王パオロ三世

の人口を誇るフランスよりも、その十分の一の人口しかないヴェネツィアのほうが強かった。法王パオロは、トルコに勝つにはヴェネツィアを引き入れることが不可欠だと見たのである。それにこの年のヴェネツィアは、コルフを攻撃されたことで、これまでのトルコとの関係の見直しを迫られていたのであった。

ヴェネツィア共和国も、法王の特使を迎えながら、すぐには態度を決めかねていた。交易立国を国是としてきただけに、戦争がトクにならないことは知っている。また、イスラムを敵視するだけでなく、同じキリスト教徒であるプロテスタントさえ憎悪《ぞうお》する反動宗教改革派が牛耳るスペインと、キリスト教徒でありながら宗教とは常に距離を置いてきたヴェネツィアが、気が合うはずもなかった。

この時代のスペインでは異端裁判や魔女裁判の嵐《あらし》が吹きまくっていたが、同時期のヴェネツィアでは、宗教上の理由で死罪に処せられた者は一人もいない。宗教裁判所の網にひっかかった者には逃亡しか助かる道はなかったが、その人々に密《ひそ》かに救いの手を差しのばした者は、一様に言ったものである。ヴェネツィアへ逃げられよ、と。

しかし、そのヴェネツィアも、苦境に立っていた。アドリア海の出口を守り、ヴェネツィア商船の安全な航行を保証してきたコルフ島を失おうものなら、海外との交易を失うのと同じことになるのである。ヴェネツィアの政府は、領土の拡大には関心はなく海外との自由で安全な交易しか重要視してこなかったが、トルコのスルタンの関心は、領土の拡大にあって交易にはなかったのだ。価値観の相違だが、このような場合、勝負を決めるのは、「理」ではなく「力」なのである。海軍力ではヨーロッパ一であったヴェネツィアも、「量」で、しかもその量を海賊に一任してでも攻勢に出てきたトルコ帝国には、一国のみでは対抗できなくなっていたのだった。

ヴェネツィアは、ついに決めた。キリスト教世界の側に立って、イスラムのトルコと戦うことに決めたのである。

法王パオロ三世の呼びかけに応《こた》えて結成されたこの同盟は、翌一五三八年の二月八日に調印が終わりスタートすることになった。その内容は、次のとおりである。

一、戦費のすべては六等分され、参加する主要国は、次の比率で負担する。

法王庁　　——1／6
ヴェネツィア——2／6
スペイン　——3／6

法王庁国家（ローマ法王は、ローマのあるラツィオ地方を始めとする中部イタリアに広く領土をもつ領主でもあった）とヴェネツィア共和国の負担分は、この二国の国庫から支出される。だが、戦費の半分になるスペインの負担分が、スペインの国庫から全額出るわけではない。ナポリ以南の南イタリアとシチリアはスペイン支配下にあるので、スペイン負担のうちの半ば以上は、船や人を提供するという形で、この地方が負担するのである。支配する側とは、人もカネもこちら持ちで守ってやる、のではなく、人もカネも出せば、それを使って守ってやる、である場合が圧倒的に多い。近代植民地帝国の「搾取《さくしゅ》」には、この種の搾取もあるのだった。

二、一五三八年に各国が用意する戦力の総数は、
戦闘用のガレー船——二百隻《せき》

輸送用の船　　　――百隻
歩兵　　　　　　――五万
騎兵　　　　　　――四千

三、主要各国が責任をもって準備するガレー船の数は、
法王庁　　　――三十六隻
ヴェネツィア　――八十二隻
スペイン　　――八十二隻

各国とも、提供はガレー船という単なる船だけではなく、それに乗る船乗り、漕ぎ手、戦闘要員である兵士（今で言えば海兵）等の人間とそれに要する費用もふくめての提供である。それなのに、ヴェネツィアとスペインの提供が同数であるのはおかしいが、海運国のヴェネツィアには造船能力があり、この種の準備にも慣れている、という理由でこのようになったのだ。

四、これと同じ理由で、輸送用の帆船の百隻も、その半ば以上がヴェネツィアが受けもつことになる。ただし、それに費やす費用のほうは、戦費の分担率に準じて出すと決まった。

五、歩兵の五万と騎兵の四千は、陸上戦力ならば自信のあるカルロスが、その大半

を負担すると決まる。これもあって、船人ともの海上戦力の負担が、ヴェネツィアにより重くかかってきたのである。

とはいえ、これらの負担を各国ともが完璧《かんぺき》に果していたならば、地中海に出す戦力としては前代未聞《みもん》の規模になっていたはずであった。

六、トルコが陸側で攻撃中の中欧の防衛は、従来どおりハンガリー王が担当し、同盟各国は、これも従来どおり、資金面での支援を続行する。ちなみに当時のハンガリー王は、カルロスの弟のフェルディナンドだった。

七、フランス王フランソワ一世には、王がその気になればいつでも参加できるように、席は常に空けてあること。

八、陸海とも、同盟に調印した国々は、この年一五三八年の三月までにすべての準備を完了し、コルフ島に集結すること。

九、陸上戦力の総司令官は、法王庁陸軍の司令官でもある、ウルビーノ公爵《こうしゃく》フランチェスコ・マリア・デッラ・ローヴェレ。海上戦力の総司令官は、スペイン海軍の司令官のアンドレア・ドーリアとする。

同盟が調印にこぎつけるまでに冬中を要してしまったのは、カルロスとヴェネツィアの間で、この海上戦力の総司令官の人選をめぐって紛糾したからである。ヴェネツィアは、総司令官にドーリアをすえることには断固反対した。傭兵《ようへい》隊長に、自らの海軍の運命を託すことはできない、というのが、反対の理由である。

人口の少ないヴェネツィア共和国は、陸上軍では他の都市国家同様に、傭兵制度に頼るしかなかった。だが、傭兵制度の欠陥は、カネを払って傭《やと》った側に立って戦争することよりも、自分たちにとっては職業であるこの仕事を、なるべくリスクをかぶらないやり方で勤めることのほうにある。派手に闘っていながら戦死者どころか負傷者もゼロという傭兵同士の戦闘は、イタリア・ルネサンスの研究家ブルクハルトの言葉を借りれば「芸術としての戦闘」となるが、傭う側にすれば、早々にカタをつけたいから始めた戦闘なのにいっこうにカタはつかず、ただただカネだけが出つづける、ということでしかないのであった。

同時代人であるマキアヴェッリが、口をきわめてこの傭兵制度を糾弾し、自国民による軍の創設を主張しつづけたのも、彼が官僚として勤務していたフィレンツェ共和国が、傭兵隊長たちに翻弄《ほんろう》されつづけてきたからである。だが、同じ時代のヴェネツィアは、より現実的な解決法を実行していた。

「プロヴェディトーレ」という、直訳すれば「監視官」とするしかないヴェネツィア側の人間を、参謀として傭兵隊長に密着させるやり方である。要するに傭兵隊長に好き勝手をさせないための方策だが、傭兵料の支払いも一任されていたので、この人々に対しては相当な程度の発言力は持っていたのであった。要するにヴェネツィアは、こうも傭兵隊長を信用していなかったということだから、アンドレア・ドーリアの総司令官就任に反対したのも無理はなかったのである。

だが、カルロスは、総司令官がドーリアでなければスペインは同盟から抜ける、とまで言ってゆずらない。法王パオロは妥協案として、同盟軍の陸上戦力の総司令官に予定されているデッラ・ローヴェレに海上軍の総司令官も兼任させる案でヴェネツィアを説得しようとしたが、海上戦の経験皆無のウルビーノ公に自国の海軍を託すのでは、ヴェネツィアにとってはドーリア以上の悪夢になる。もちろん、これにはカルロスも反対した。

結局、折れたのはヴェネツィアである。トルコと戦争すると決めたからには、勝たねばならなかった。傭兵隊長ではあっても海将としてならば当代一の、アンドレア・ドーリアの海の男の気概に信を置くことにしたのである。

同盟条約の最後になる第十項では、トルコ相手に勝った後の参加国の分け前も定めている。北アフリカはカルロスに、アドリア海とイオニア海に面する海港はヴェネツィアに、ロードス島はマルタ騎士団に、というわけだ。このようなことは「捕らぬタヌキの皮算用」だが、これを決めておかねばスタートしないのも、複数の国が参加する連合軍の現実でもあるのだった。

この年の対トルコ同盟は、その準備段階から、庶民の端に至るまでの多くの人々の希望のうちに始まった。彼らは、略奪され焼打ちに合い、住民が拉致《らち》される恐怖に常におびえながら生きてきたのである。それが今、地中海から海賊を一掃することを旗印にかかげて、地中海の波が洗う国々が結集したのだ。赤ひげとその手下たちを、追いつめ徹底的に撃破することも、夢ではなくなったのである。各地の造船所はフル回転し、漕ぎ手や兵士に志願する者が殺到した。

約束どおり、三月半ばには早くも、集結地のコルフ島には、ヴェネツィアの八十二隻が到着した。ヴェネツィアがその提供の責任をもった輸送用の帆船も、数隻ずつの船団を組んで南下中だ。八十二隻のガレー船から成るヴェネツィア艦隊の司令官は、ヴィンチェンツォ・カペッロ。キプロス、クレタと海外基地の経験が豊富なだけでなく、この時期のヴェネツィア海軍の総司令官でもある。ヴェネツィアはこの年の対トルコ戦に、最高のカードを投入してきたのであった。

ところが、集結予定日の三月末日が過ぎても、法王庁海軍もスペイン海軍も姿を現わさない。それでもヴェネツィア海軍の司令官カペッロは、心配はしていなかった。同盟の調印が成されたのは二月八日である。それが参加各国に届くやただちに準備に入ったとしても、一ヵ月足らずでそれを完了できるのはヴェネツィアだけであった。ヴェネツィアには、地中海世界最高の、いや北ヨーロッパまでふくめても当時最高の、技術水準と製造規模を誇る「国営造船所《アルセナーレ》」があったからである。この事情を考慮して、コルフへの集結時期も広く取ってあったのだ。三月末から六月にかけて、と。

また、法王庁からは、法王庁海軍の到着が遅れる理由はすでに告げられていた。理由の第一は、チヴィタヴェッキアでの造船能力にあったが、第二は、フランスの参加への努力を最後の最後まで捨てない法王にあったのだ。

高齢にもかかわらず、ローマ法王パオロ三世はローマを発ち、サヴォイア公国領のニースまで出向いていた。そこにフランス王フランソワとスペイン王カルロスを呼び寄せ、対トルコの連合軍結成をテコにして、長年にわたるフランスとスペインの不仲を改善する道を探ろうとしていたのである。

だが、人間を宗教のくびきから解放したルネサンス運動は、ローマ法王の威光を減少させていた。とはいえ一般の信徒にとっての法王は、その人個人の能力にはいっさい関係なく、「神の地上での代理人」なのである。イエス・キリストに、おまえの上に神の教会が建つ、と言われたペテロ(イタリア語ではピエトロ)が初代の法王で、歴代のローマ法王はペテロの後継者とされているのだから。それゆえ庶民に対しての ローマ法王の威力は今なお絶大だったが、為政者たちに対してはそうは行かなくなっていた。中世にはあれほど猛威をふるった破門の効力が失われていたことが、この変化を如実《にょじつ》に示していた。

法王が待つニースに、フランス王もスペイン王も来なかったのである。

それでも、パオロ三世はあきらめなかった。フランスを参加させることには失敗したが、フランスとスペインの間の十年間の休戦の実現には務めたのだ。その法王の親書をたずさえた使節が、ニースとパリ、ニースとバルセロナの間の往復をくり返した末に、ようやくそれが調印にまでこぎつけたのは、五月も末近くになってからだった。

これが、法王庁海軍のコルフ到着が、六月半ばにまでずれこんだ理由である。チヴィタヴェッキアの港で準備完了していた法王庁海軍も、法王のゴーサインがないかぎり動くわけにはいかなかったからであった。

キリスト教世界の二大強国であるフランスとスペインが、十年という期限つきにしろ休戦したということは、ヨーロッパにとっては、祝福さるべき朗報であったのはもちろんである。ヨーロッパの各地でことあるごとに衝突していた、フランスとスペインが剣を収めたということだから。それゆえに法王パオロ三世も、この喜ばしい結果をたずさえてローマにもどり、法王庁海軍の出港も命じたのであった。

しかし、すべての事柄はプラス面とマイナス面を合わせもつ。この場合のマイナス面は、これまでは北伊ではフランスの侵攻にそなえ、南伊ではトルコの攻勢に対抗するために軍事力を二分しなければならなかったカルロスが、少なくとも十年間は、その必要がなくなったことから発していた。

まず先にカルロスが命じたのは、南イタリアのプーリア地方にあるカストロからの、トルコ勢の一掃である。これは簡単に行った。赤ひげが、手下の海賊ともども、スルタンに呼ばれてコンスタンティノープルに行っていて不在だったからである。だがこのカストロ再復は、カルロスにとって、同盟参加の理由の一つが失われたことを意味していた。
そしてそれは、ヴェネツィア共和国にとって、対トルコ戦の主導権がカルロスの手に移ったことを意味していたのである。以後、スペインと組んで軍事行動に出るたびに、それによる苦汁を味わわされることになる。

（第四巻に続く）

p. 166　Collection Archive f. Kunst & Geschichte（ベルリン／ドイツ）　トビアス・シュティンマー画
© AKG-images

p. 177　Courtesy of Italian Navy（提供：イタリア海軍）

p. 207　ウフィッツィ美術館　セバスティアーノ・デル・ピオンボ画　© Scala Archives, Firenze

p. 230　ゲオルグ・ブラウン、フランツ・ホーゲンベルク画
© AKG-images

p. 271　個人蔵　1750年頃　作者不詳

p. 277　大英博物館（ロンドン）　ジェンティーレ・ベッリーニ画　© The Trustees of the British Museum

p. 285　ワシントン・ナショナル・ギャラリー（ワシントンD.C.／アメリカ）　ティツィアーノ画
© 2009 Board of Trustees, National Gallery of Art, Washington

p. 290　国立カポディモンテ美術館　ティツィアーノ画
© Alinari Archives, Firenze

地図作製：綜合精図研究所

図版出典一覧

カバー	国立海事博物館（グリニッチ／イギリス） マッテオ・ペレズ・ダレッチオ画 ©National Maritime Museum
p. 32	Cesare Vecellio, "Habiti antichi et moderni"（『服装今昔』）, 1860より
p. 46	ナショナル・ギャラリー（ロンドン／イギリス） ジェンティーレ・ベッリーニ画 © AKG-images
p. 69	作画：峰村勝子
p. 74	マルチャーナ国立図書館（ヴェネツィア／イタリア） ジョヴァンニ・フランチェスコ・カモーチョ画 © Biblioteca Nazionale Marciana, Venezia
p. 88	ウフィッツィ美術館（フィレンツェ／イタリア） ラファエッロ画 © AKG-images
p. 98	ドーリア・パンフィーリ美術館（ローマ／イタリア） セバスティアーノ・デル・ピオンボ画 © Bridgeman Art Library, London
p. 144	（右）ウィーン美術史美術館（ウィーン／オーストリア） © AKG-images （中）ウフィッツィ美術館 フランソワ・クルーエ画 © Bridgeman Art Library, London （左）国立カポディモンテ美術館（ナポリ／イタリア） ティツィアーノ画 © Bridgeman Art Library, London
p. 150	p. 88に同じ

ローマ亡《な》き後《あと》の地《ち》中海《ちゆうかい》世《せ》界《かい》

海賊、そして海軍

3

新潮文庫　し－12－96

平成二十六年九月一日発行

著者　塩《しお》野《の》七《なな》生《み》

発行者　佐藤隆信

発行所　株式会社新潮社

郵便番号　一六二―八七一一
東京都新宿区矢来町七一
電話　編集部(〇三)三二六六―五四一一
　　　読者係(〇三)三二六六―五一一一
http://www.shinchosha.co.jp

価格はカバーに表示してあります。

印刷・錦明印刷株式会社　製本・錦明印刷株式会社

ISBN978-4-10-118196-7 C0122